어쩌다
의사가 되어

한국현대수필 100년 | 사파이어문고 ㉗

고병구 에세이집
어쩌다 의사가 되어

인쇄 | 2025년 8월 20일
발행 | 2025년 8월 25일

글쓴이 | 고병구
펴낸이 | 장호병
펴낸곳 | 북랜드

04556 서울 중구 퇴계로41가길 11-6, JHS빌딩 501호
46965 대구 중구 명륜로12길 64(남산동)
전화 (02)732-4574, (053)252-9114
팩스 (02)734-4574, (053)252-9334
등록일 | 1999년 11월 11일
등록번호 | 제13-615호
홈페이지 | www.bookland.co.kr
이-메일 | bookland@hanmail.net

책임편집 | 김인옥
기　　획 | 전은경
교　　열 | 서정랑

ⓒ 고병구, 2025, Printed in Korea
저자와의 협의하에 인지를 생략합니다.

ISBN 978-11-7155-151-4 03810
ISBN 978-11-7155-152-1 05810 (E-book)

값 13,000원

한국현대수필 100년
사파이어문고 ㉗

어쩌다 의사가 되어

고병구 에세이집

북랜드

머리말

무슨 말을 해야 할까?

　세상에 말들이 너무 많다. 꼭 해야 할 말도 있고, 하지 말아야 할 말도 있다. 들어야 할 말이 있고, 들어서는 안 될 말도 있다. 이처럼 말들이 많은데 나는 무슨 말을 해야 할까?
　이 땅에 태어나 한세상을 보내며 가장 소중한 것은 무엇이며, 가장 의미 있는 것은 무엇이던가? 그리고 꼭 남기고 싶은 말은 무엇인지를 생각해 본다. 힘든 세상살이였으나 부끄럽지 않게 살기를 원했었고, 인생의 진실이 무엇인지도 알고 싶었다. 그러다 보니 나 자신이 들어야 할 말이면서, 남들에게도 들려주고 싶은 말들이 생겼다. 나 자신을 격려하는 말이기도 하고, 누군가에게 힘이 되었으면 하는 말이기도 하다.
　인생의 마지막 순간이 오면 그때는 무슨 말을 해야 할까? 인생의 의미, 그 속에 숨겨진 하나의 말을 찾기 위해 남은 시간을 보내고 싶다. 돌아보니 그토록 찬란하던 젊은 날이였는데 깨닫지 못한 탓에 그냥 흘려보낸 날들이 많았다. 비바람에 찢기고 휘어지면서도 그 상처를 딛고 꿋꿋이 자란 한 그루 고목 같은 인생이 되길 원한다. 저물어 가는 인생이지만 새로운 변화를 꿈꾸고, 아는 만큼 실천하고, 휴식은 누리되 멈추지 않는 길을 가고 싶다.

어쨌든 말 많은 세상에 또 한 말을 보탠다. 지금까지 살아오면서 내가 배우고 익힌 삶에 관한 얘기를 글로 담아 보았다. 마음속에 있는 말을 하나씩 꺼내다 보니 책 한 권이 되었다. 생각을 글로 옮기는 모든 시간이 소중한 순간이었다. 매끄럽지 못한 말들이지만 감히 내가 깨달은 삶의 지혜라 생각한다.

'바르게 살아도 성공할 수 있다.' 데릭 벨의 말처럼 바르게 사는 사람들이 성공할 수 있는 세상이 오기를 고대하면서 가슴에 담아 둔 한 편의 글로 끝을 맺는다.

한 그루 고목이기를!

주말이면 가끔 시간을 내어 아내와 함께 가까운 산과 들을 찾는다. 운전대를 잡고 느긋하게 시골길을 달리다 보면 내 고향처럼 정겨운 마을들을 만날 때가 있다. 그때마다 제일 먼저 눈에 들어오는 건 마을 어귀를 지키고 있는 아름드리 고목의 모습이다. 한눈에 반할 만큼 아름다운 자태는 자석처럼 내 마음을 끌어당긴다. 차에서 내려 그 품속으로 들어서면 알 수 없는 위로가 쏟아져 내리는 것을 느낄 수 있다.

한결 푸근해진 마음으로 아쉬운 작별을 위해 고개를 들면 하늘을 가릴 만큼 무성한 잎사귀 사이로 얽히고설킨 나뭇가지들이 보인다. 똑바로 곧게 자란 것들보다는 휘어진 가지들이 대부분이고 울퉁불퉁 혹이 진 가지들도 많다. 모진 풍상에 부러지고 찢어지는 아픔을 겪으면서 살아온 인고의 세월. 그럼에도 전혀 상처받지 않은 모습으로 자리를 지키는 저 여유는 어디서 오는 것일까?

나이가 들수록 쇠잔해지는 육체의 변화야 피할 수 없다지만 정신마저 퇴락해 가는 사람들을 볼 때마다 '제발 나는 그들과 같지 않기를!' 기원하는 마음이 된다. 하지만 허점투성이였던 지난날의 기억들이 떠오르면 다가올 날들에 대한 두려움이 앞서기도 한다.

'다시 과거로 돌아갈 수 있다면 그렇게 살지는 않을 텐데…'

지난 세월을 탓해 보다가 금방 깨닫게 되는 것은 과거로 다시 돌아간다 해도 크게 나은 삶이 되지 못한다는 사실이다. 지난날들의 삶에 대한 교훈을 공유하지 못한 채 시간만 되돌린다면 지나온 삶보다 못한 삶을 보낼 수도 있다. 세월이 주는 교훈을 깨닫지 못한 채 젊음을 되살린다 해도 의미 없는 삶을 보낼 뿐이다.

남겨진 삶의 날들에 대해 고민하던 중 눈에 들어온 것이 저 고목들의 모습이다. 한 자리에 꿋꿋이 서서 온갖 풍상을 겪으면서도 넉넉하고 여유로운 자태를 지녔다는 사실 앞에 그저 감탄을 쏟아낼 수밖에 없다. 어린나무들이 보여주는 풋풋한 아름다움과는 격이 다른, 품위 있고 완숙한 아름다움에 경의를 표하고 싶다.

그런데 주위를 둘러보아도 저 고목들처럼 아름다운 사람은 찾아보기가 쉽지 않다. 연륜이 흐를수록 나무는 위엄과 기품을 더해가건만 사람은 어찌하여 초라하게 변해간단 말인가? 인간이 어찌 한 그루의 나무에도 미치지 못하는가? 육체는 시들지라도 정신만은 그 빛을 더해감이 마땅할 터인데…. 어쩌면 나 또한 그처럼 퇴락해 갈 운명이라 생각하면 미리부터 가슴이 저려온다.

그러다가 한 줄기 빛처럼 가슴을 스치는 생각. '그래! 바로 저렇게 사는 거야. 저 나무들처럼 살자. 저 나무처럼 늙어가자.' 나무의 지혜를 배울 수만 있다면 마지막 날에 나는 웃으면서 떠나리라. 아직 그 답을 온전히 찾지는 못하였으나 언젠가 나는 한 그루의 고목古木이기를 원한다.

2025년 8월

고 병 구

차례

■ 머리말 무슨 말을 해야 할까? ____ 4

1부 어쩌다 의사가 되어

어쩌다 의사가 되어 ____ 17
70대 의사가 보는 오늘의 의료사태 ____ 21
100세 인생과 40대 ____ 25
당뇨와 식탐 ____ 29
마음 나누기 ____ 33
몸에 좋은 약 ____ 36
보이지 않는 얼굴들 ____ 40
신이 되고 싶을 때가 있다 ____ 44
침묵의 살인자들 ____ 48
피똥 싸면 죽는다 ____ 52

2부 추억 속의 나날들

고향, 그리고 어머니 59
꿈속에서 뵌 아버지 63
아들과 어머니 67
길 떠나기 71
나의 모교 송설학원 75
두 음치의 노래 79
마르지 않는 샘 83
번데기와 향수 87
소 91
인연의 끈 95
잊을 수 없는 추억 99

3부 내가 잘할 수 있는 것

내가 잘할 수 있는 것 105
굽은 인생길 109
깨끗하게 부지런하게 113
꽃과 바람과 물 117
나는 소설을 읽지 않는다 121
내가 글을 쓰는 이유 125
눈썹과 인덕 129
다시 찾고 싶은 인연 133
무한긍정 137
소 팔자 인생 141

4부 나를 위한 시간

내가 살아가는 이유 147
건강하게 오래 사세요 151
그리운 사람 155
마음 다듬기 158
생활 속의 운동 161
아름다운 삶을 위하여 165
아침 일기 169
어느 날의 일기 173
인생 마침표 179
인생, 별거더냐 183

5부 흔들리는 세상을 향해

노년의 아름다움 189

너 자신을 알라 193

더불어 사는 세상 197

목숨보다 소중한 것 202

투명 인간 206

시련에 대하여 210

인간과 창조력 214

자기 사랑 218

젊음의 거리를 지나며 222

피는 물보다 진하다 226

6부 마음을 시에 담아

파도 233
나는 시를 모릅니다 234
그리운 목소리 236
나의 시간 239
물처럼 바람처럼 240
불혹不惑을 넘기며 242
산길을 걸을 때는 244
새로운 자유 246
오늘 하루 248
아주 짧은 시간 250
오늘도 내일도 251
젊은 영혼들에게 254

1부

어쩌다 의사가 되어

어쩌다 의사가 되어

사람은 저마다 가야 할 길이 있다. 그런데 제때 그 길을 찾지 못해 방황하는 이들이 많다. 나 역시 그렇게 보낸 시절이 있었다.

중학교를 졸업할 때까지 나는 대학생을 본 적이 없었다. 고등학교만 나와도 많이 배운 사람으로 여기던 시골, 가난한 농부의 6남매 중 넷째였던 내게 대학은 생각조차 할 수 없는 곳이었다. 먹고살기 위해 열심히 일해야겠다는 마음은 들었으나 공부를 많이 한다고 인생이 달라질 것이라곤 생각지 못했다.

가난에서 벗어나려고 새벽부터 저녁 늦게까지 쉴 틈도 없이 일만 하시는 부모님을 보면서 세상에서 가장 힘든 일이 농사라 생각했다. 그래서 도시로 나가 뭔가 다른 일을 할 수 있는 날이 오기만을 기다렸다.

드디어 고향 떠날 기회가 왔다. 당시는 1, 2차 경제개발계획으로 농업 중심의 국가에서 공업 국가로 진입하던 시기였기에 중학교를 졸업하면 장래성으로 보아 공업고등학교에 진학하고 싶었다. 하지만 전액 국비 지원에 무료 기숙사가 있는 철도고등학교를 선택할 수밖에 없었다. 그런데 원서 내기 바로 전날 재종형님 되시는 분이 고향에 오셨다가 내가 철도고등학교에 원서를 내기로 했다는 말을 들으시고 아버지를 설득하여 그분이 국어 교사로 계시던 김천고등학교로 가게 되었다. 그리고 졸업 후엔 학비 부담이 적은 국립 의대를 가도록 방향을 잡아주셨다. 내 인생은 그렇게 바뀌었다.

그러나 막상 의과대학에 들어와 전공과목을 배우면서 갈등을 겪어야 했다. 물리와 수학을 좋아했는데, 무조건 외우는 암기 중심의 의학 공부가 내 적성과는 맞지 않다고 생각했다. 갈등 속에 보내던 중 성경 공부하는 신앙모임에 참석하면서 마음의 안정을 찾을 수 있었고, 졸업 후에는 남들이 외면하는 기초의학의 길로 들어섰다. 그러나 연좌제라는 얄궂은 운명에 엮여 무관후보생 자격을 박탈당하고 위생병으로 군대 3년을 보내야 했다. 제대 후 다시 학교로 돌아가 해부학을 2년 하다가 동기들보다 5년 늦게 전공의 과정을 밟고 내과 의사가 되었다.

작가나 예술가 중에는 뛰어난 인물들이 많다. 짧은 생애에도 불구하고 그들은 영원히 기억되는 존재로 역사 속에 살아있다. 자신의 재능과 삶의 목표를 일찍 발견하여 그 일에 매진하였거나, 선한 목적을 위해 자신을 희생한 분들이다. 그러나 대부분 젊은 날의 인생은 좁은 시야로 인해 어느 길을 택할지 모르는 이들이 많고, 눈앞의 현란함에 마음을 빼앗겨 자신의 길을 영영 찾지 못하는 수도 있다.

자기 인생의 길을 찾는 것은 크나큰 행운이다. 자신이 가야 할 길이라는 확신만 있으면 어떤 어려움도 헤쳐나갈 수 있다. 그러나 의미 있는 삶이 되기 위해서는 또 다른 뭔가가 필요하다. 역사 속의 젊은 영웅들보다 훨씬 긴 생을 살아왔음에도 나는 그들의 발치에도 미치지 못한다. 길을 몰라 방황하며 보낸 날들이 있었고, 나 자신을 희생할 만큼 헌신적인 삶은 아니었기 때문이다.

나에겐 나의 길이 있듯이 모든 사람에겐 각자 가야 할 길이 있다. 그러나 어떤 인생이든 삶의 방식은 달라도 거기엔 반드시 지켜야 할 원칙이 있다. 그런데 그 원칙이 허물어져 가는 세상이 되었다. 불법과 비리가 세상을 휩쓸고, 선과 악의 경계조차 불분명한 세상이 되어가고 있다. 심지어 불의한 자들이 세상을 지배하려고도 든다. 소중한 많은 것들이 소홀히 여겨지고, 사람들 마음에서 버려지고 있다. 이 모든 것들을 당연하게 받아들이는 세태 또한 이해하기 어렵다.

어쩌다가 글 쓰는 의사가 되어 지나온 삶을 돌아보는 중에 마음 한구석에 불편함을 느낀다. 지금까지 세상을 방관자처럼 살아왔다는 생각이 들어서이다. 더 나은 세상을 만드는 일에 조그마한 힘이라도 보태고 싶다. 길모퉁이 작은 표지석 같은 존재만 되어도 좋겠다.

70대 의사가 보는 오늘의 의료사태

의사의 한 사람으로서 비통한 심정을 금할 수 없다. 의사는 대체로 순수하고 성실한 사람들로 인정받아 왔었는데 어쩌다가 이처럼 비난의 대상이 되었는가?

젊은 의사들과 의대생들, 그들은 오직 공부밖에 몰랐고, 이제 막 의술의 길로 들어서 밤낮을 가리지 않고 환자들 곁을 지키던 사람들이었다. 사회생활은 미숙하였으나 그들 대부분은 이 사회가 정한 규칙을 누구보다 잘 지켜오던 모범생들이자 가장 순수한 사람들이었다.

그런데 왜 젊은 의사들과 의학도들은 병원을 떠났고, 교실을 떠났는가? 누구의 사주를 받은 것도 아니고, 강제력에 의해 내몰리지도 않았었다. 과연 그들이 부패했기 때문인가? '돈에 눈먼

악마'라는 프레임을 씌워 그들을 분노케 한 자들은 누구인가? 그들이 떠난 지 일 년이 다가오는데 그들은 언제 돌아올 것이며, 어떻게 돌아오게 할 것인가?

이번 사태로 인해 우리는 두 가지 큰 손실을 겪게 되었다. 하나는 젊은 의사와 의학도들의 마음속에 의사로서 긍지가 무너졌으며, 다음은 환자와 의사 사이에 신뢰 또한 사라지게 되었다. 의술에 대한 보람과 자부심으로 필수 의료를 지망하던 의사들이 상처받은 마음으로 떠났으니 필수 의료의 몰락은 충분히 예견되는 일이고, 중증의 의료 중 더러는 대가 끊어질 위기를 맞게 되었다. 이제 어떻게 그들 마음속에 의사로서의 사명감을 되살려낼 것인가?

실험학습의 비중이 높고 임상 실습에다 임상 수련까지 거쳐야 할 사람들을 단번에 그처럼 늘여서 제대로 된 의사가 나오기를 어떻게 기대한단 말인가? 여타 이공계열이라 할지라도 같은 사태가 일어난다면 부실 교육이 될 것임은 불을 보듯 뻔하거늘.

의대생 증원은 좀 더 진지하고 현실성 있게 다뤄져야 할 문제였다. 새로운 정책을 시행하는 데는 다음 세 가지가 고려되어야 했다. 유연성과 효율성, 그리고 합목적성이다. 처음부터 일방적인 선언이었고, 경직되고 강압적인 태도로 일관하였으며 협상은 구색에 불과하였다. 현재 대형 병원의 기본업무인 중증 환자 진료와 숙련된 의사 배출, 연구 성과는 모두 효율성 제로에 가까워지고 있다. 장차 자질 부족하고, 자존감 낮고, 필수 의료를 외면하는 의사들이 의료의 주축을 이룰 가능성이 크고, 건강보험 재정의 악화로 영리보험에 의존하는 의료혜택의 빈익빈 부익부 현상을 초래할 위험성이 높다. 세계가 부러워하던 저비용 고효율의 한국 의료가 몰락의 위기 앞에 놓여 있다. 내세웠던 목적과는 너무나 거리가 먼 결과이다.

자존감 없는 의사는 정신이 죽은 의사와 같다. 현실과 타협하고, 물질을 존중하며, 환자를 대하는 마음이 흐려질 수 있다. 의사의 기본 자질은 바른 생각과 성실한 태도, 그리고 환자와의 공감 능력이다. 희생까지는 아니더라도 책임감만은 투철해야 한다. 이제라도 그들이 환자들 곁으로 돌아와 지난날의 열정을 되살릴 수 있도록 해법을 찾아야 한다.

'제자리로 돌아가겠다. 더 열심히 공부하고, 열성을 다해 환자를 보겠다. 다만 교육여건이 조성될 때까지 의대생 증원은 유보하고, 필수 의료가 몰락하지 않게 해달라.' 이런 목소리를 듣고 싶다. 그리고 여기에 화답하는 목소리도 들려오길 기대한다. 이대로 간다면 10년 후엔 중증 필수 의료를 펼칠 의사가 몇 명이나 되겠는가? 지금 의학에 입문하는 학생들이 그 역할을 감당키에는 20년 세월로도 부족하다는 사실을 알아야 한다. 급속히 늘고 있는 고령 인구를 생각하면 최소 10년의 의료 공백이 생길 텐데 국민적 재앙이 아닐 수 없다. 지금은 옳고 그름을 논할 때가 아니라 최선의 답을 찾아야 할 때라 생각한다.

(2024년 12월 10일 의학신문 기고)

100세 인생과 40대

백세시대라고들 한다. 우리의 수명이 많이 길어진 것은 사실이다. 하지만 100년을 산다는 게 결코 쉬운 일은 아니다. 평소 건강하던 사람도 질병으로 쓰러지는 일은 드물지 않다. 건강백세는 꿈같은 일인가?

2022년도 통계에 의하면 우리 국민의 평균수명은 83.5세이고 건강수명은 66.3세라 한다. 그 둘의 차이인 17.2년은 질병과 함께 살아가는 기간이다. 암과 심혈관 질환, 당뇨병, 치매, 관절염 등 만성질환으로 고통 속에 보내는 시간이 17년이라면 너무 잔인하지 않은가? 그런데 이러한 질병이 눈에 띄게 증가하는 시기가 있다.

의학적인 관점에서 우리 인체는 30대를 지나 40대로 접어들면 뚜렷한 변화를 보인다. 근육량은 해마다 1%씩 줄어들고, 뇌의 부피는 10년에 5%씩 줄어든다. 80대가 되면 30대와 비교하여 근육량은 절반이 되고, 뇌는 4분의 1이 줄어서 빈자리가 물로 채워진다. 30대에는 2%에 불과한 심장질환이 40대에는 11%로 치솟고, 30대에 3.6%인 당뇨병도 40대로 들어서면 10.6%로 급격히 증가하여 계속 상승세를 보인다. 사망원인은 10~39세까지는 자살이 1위를 차지하지만, 40대부터 암이 1위로 올라선다.

건강한 성인도 하루 5,000개의 새로운 암세포가 생긴다고 한다. 모든 사람이 '암유전자'를 지니고 태어나기 때문에 누구나 암에 걸릴 수 있다. 다만 NK세포 같은 면역세포가 암세포를 제거하여 발병을 막고 있을 뿐이다. 하지만 40대가 되면 면역세포의 기능이 떨어져 암 환자가 늘어날 수밖에 없다. 모든 생명체에게 영생을 허락하지 않는 자연의 섭리다. 그 외에도 대사증후군, 골다공증, 치매, 퇴행성 관절염, 만성 기관지 질환, 황반변성, 전립선비대증 등 40대에는 만성 질환들이 폭풍처럼 몰려온다. 40대는 우리 인생의 급소라 할 수 있다.

40대 이전이라 해도 꼭 금하고 싶은 게 있다. 건강을 생각한다면 담배는 절대로 피우지 말아야 한다. 이미 피우는 중이라면 빨리 끊을수록 좋다. 70여 가지 발암물질을 품고 있는 담배는 '트

로이 목마'와 같다.

그렇다면 누구도 피해 갈 수 없는 게 40대의 위기인가? 물론 개인적인 차이는 있지만 30대까지는 특별한 노력 없이도 자기 신체의 정점에 도달할 수 있다. 그러나 40대가 되면 이야기는 달라진다. 부드럽게 다루고 잘 보살핀 연장은 오래 사용하고, 거칠게 다루고 험하게 굴린 연장은 일찍 폐기해야 하는 것과 마찬가지로 우리 몸도 어떻게 다루는가에 따라 시효가 달라진다. 무절제한 삶은 죽음의 가속페달을 밟는 것과 같다. 일찍부터 건강을 챙기지 못했더라도 40대부터는 달라져야 한다. 물론 정기적인 건강검진은 기본이고, 병든 몸은 조기 치료가 최선이다.

40대의 위기를 피하려면 어떻게 해야 하는가? 근골격계 및 뇌와 면역계의 퇴행을 지연시키고, 건강한 몸을 유지하기 위해 지켜야 할 세 가지 원칙이 있다. 첫째, 건강한 식습관을 유지해야 한다. 세계적으로 알려진 건강식으로 '지중해식 식단'이 있다. 그런데 우리에겐 그에 못지않은 건강식 '비빔밥'이 있다. 우리의 일반 상차림도 크게 다르지 않다. 어릴 때부터 흔히 듣던 말, '밥이 보약이다. 골고루 먹어라.' 적절한 영양 섭취를 위한 진리이다. 둘째, 꾸준한 운동 습관을 길러야 한다. 근육이 약해지면 몸을 지탱할 수 없다. 하체를 튼튼케 하여 자기 몸은 스스로 감당할 수 있어야 한다. 각종 성인병과 치매 예방의 가장 강력한 수단은 운동이다. 셋째, 건전한 정신을 길러야 한다. 지나친 음주나 금지약물 복용 등 쾌락에 빠져들면 몸뿐 아니라 정신까지 무너지게 된다. 절망감이나 우울증, 만성적인 스트레스 또한 정신건강을 해친다. 정신이 나약해지면 좋은 식습관 유지와 꾸준한 운동도 불가능하다. 신체를 움직이게 하는 동력은 정신이기 때문이다.

  100세 인생에서 40대는 금방 눈앞이다. 요즘 세대에게 운동 부족과 영양 과다는 심각할 정도이다. 세상의 험한 파도를 이겨내고 긴 인생 항해를 잘 마무리하려면 몸과 마음이 건강해야 한다. 자기의 미래를 위한 선택은 자신이 결정해야 한다. 건강백세를 위한 노력은 빠를수록 좋다.

당뇨와 식탐

진료실에서 가장 다루기 힘든 환자가 당뇨환자이다. 병을 극복하려면 지켜야 할 것은 많은데 제대로 지키는 사람은 적기 때문이다. 어디가 특별히 아픈 것도 아닌데 굳이 그렇게까지 지킬 필요가 있느냐는 생각을 하는 사람도 있다. 감기나 몸살은 치료하면서도 당뇨는 바쁜 생활을 핑계 삼아 그냥 적당히 넘어가려는 것 같다.

어떤 병이든 대체로 몸이 아프고 식욕이 떨어져서 음식을 제대로 먹지 못하는 게 일반적인 증상인데, 당뇨에 걸리면 아픈 데도 없이 오히려 식욕이 더 좋아지고, 달콤하고 시원한 음료나 주스라도 마시면 그보다 기분이 좋아질 수가 없다. 피로해서 드러눕고 싶을 때가 많고, 갈증이 나서 물을 많이 마시고, 소변을 자주 보는 게 성가시기는 하지만, 게으름 역시 인간의 본성이라 대수롭잖게 여길 수도 있다. 배불리 먹고 시간만 나면 뒹굴면서 보내는 모습이 당뇨병의 증상을 즐기고 있는 게 아닌가 싶을 때도 있다. 아픈 곳이 없이 잘 먹고 빈둥거릴 구실을 주는, 어쩌면 병 같지도 않은 병이라 방심하기가 쉽다.

심근경색이나 협심증, 뇌졸중, 만성 콩팥병으로 인한 투석, 망막 손상으로 인한 실명, 이상감각을 초래하는 당뇨병성 신경증 등 장애를 초래하여 삶의 질을 심각하게 떨어뜨리고, 그러다가 불시에 목숨을 빼앗는 병이 당뇨병이다. 면역이 약해져서 대상포진으로 고생하는 수도 제일 많고, 폐렴이나 패혈증에도 가장 취약한 사람들이 당뇨환자들이다. 코로나-19 희생자도 당뇨환자에서 가장 많이 나온 것으로 알고 있다.

병인 듯 병이 아닌 듯, 무거운 병이면서도 가벼워 보이는 게 당뇨병이다. 몸이 무너지고 나서야 정신을 차리는 이들이 많다. 그때는 이미 늦다. 딱히 정해진 한두 곳만 문제를 일으키는 게 아니라 심장, 뇌, 콩팥, 눈 등 중요한 장기에 겹쳐서 문제를 일으키기 쉽고, 한번 망가진 부위는 다시 회복하기 어려울 만큼 영구적인 손상을 초래하는 수가 많다.

지금 당장은 크게 고통스럽지도 않고, 전혀 위험해 보이지 않아도 다른 치명적인 질환들을 줄줄이 달고 오는 병이 당뇨병이다. 그래서 당뇨병을 다른 질환처럼 하나의 질환으로 생각하지 말아야 한다. 전혀 아프지 않은 병, 그러면서도 우리 몸에 언제든지 치명타를 날릴 수 있는 병이라는 사실을 명심해야 한다.

당뇨환자의 식탐이 얼마나 대단한지 쉽게 알 수 있는 예가 있다. 당뇨환자가 목이 말라서 냉장고 문을 열었을 때 빵이나 다과가 눈에 들어오면 갈증은 눈 녹듯 사라지고 먹거리만 챙겨 든다. 일반인이라면 먹거리에는 관심도 두지 않고 생수를 챙길 텐데 달라도 너무 다르다. 내가 본 환자 중에 충격적인 경우도 있었다. 식탐이 심해 혈당조절이 되지 않아 결혼을 앞둔 딸을 불러서 함께 식이요법을 설명해서 보냈더니 얼마 후 그 환자가 다시 내원하여 내뱉은 한마디에 할 말을 잃은 적이 있다. 본인이 좋아하는 음식을 손에 잡을 때마다 딸이 "엄마 안 돼요!" 하며 빼앗는 통에 환자가 "조년 조고 목을 팍 쪼르고 싶다."라는 충격적인 표현을 했기 때문이다. 당뇨환자의 식탐은 이처럼 무섭다.

당뇨병은 초기에 다스리지 않으면 정말 잡기가 힘들다. 환자 혼자만의 노력으론 어렵고 가족 모두가 힘을 모아야 한다. 맛있는 음식을 환자 눈앞에 펼쳐두고 못 먹게 하는 것은 잔인한 짓이다. 당뇨병을 앓고 있는 친구에게 술을 권하고 맛있는 음식을 권하는 것은 너무나 무책임한 행위이고 친구를 해치는 일이다. 그러나 무엇보다 중요한 것은 본인의 마음가짐이다.

특히 젊어서 당뇨에 걸린 사람이 식이조절에 실패하면 비참한 말년을 맞든지 단명할 수밖에 없다. 다행히 초기부터 잘 관리하면 당뇨가 없는 사람처럼 건강한 몸으로 평생을 살아갈 수 있다.

마음 나누기

내가 쓴 글이지만 읽을 때마다 마음을 아프게 하는 글이 있다. 진작 마음을 나누지 못하고 떠나보낸 가족과의 이별 때문이다. 아주 오래전에 겪었던 일들, 내 글의 소재가 된 지난 일들에 관한 추억을 함께 나누지 못하고 헤어진 것이 너무 아쉽다. 그들이 세상을 떠나기 전에 속마음을 서로 나누지 못한 것이 이토록 안타까운 일이 될 줄은 몰랐다.

최근 수년 사이에 나는 천륜으로 맺어진 가장 가까운 세 분을 떠나보내야 했다. 바쁘다는 이유로, 멀리 있다는 핑계로 마음 나눌 기회를 만들지 못하였다. 좀 더 일찍 깨우침을 얻고 이별을 위한 대비를 했더라면 좋았을 텐데 그러지 못하여서 아쉽고, 뒤늦게 글을 쓰면서 가족의 소중함을 알게 되었으나 이미 세상을 떠나셨으니 다시 뵐 수가 없다. 아무리 후회한들 돌이킬 수 없는 일이 되고 말았다. 따뜻한 이별의 순간을 가졌더라면 내 마음은 두고두고 그 기쁨을 누리고 있을 텐데….

가까운 사람과 이별하기 전에 꼭 나눠야 할 것들이 있다. 그러지 못하면 그들이 떠난 후에 깊은 후회로 남겨질 일이다.

첫째는 진실을 나누는 시간을 가져야 한다. 오래전에 있었던 일들을 함께 돌아보고 기억을 되살리면서 진실을 공유하는 시간이 필요하다. 살아오면서 쌓였을지도 모를 마음의 벽이 허물어지고, 이별의 아픔을 극복할 수 있다. 함께했던 시간을 기억해 주는 이가 있다는 사실만으로도 떠나는 이는 홀가분하게 이별을 받아들일 수 있다.

둘째는 고마웠다는 말을 전하는 일이다. '당신 때문에 저는 행복했습니다.' 한마디는 떠나는 이에게 세상을 헛되게 살지 않았다는 안도감을 심어줄 뿐 아니라 그가 살아온 삶에 대한 보람을 느낄 수 있게 한다.

셋째는 '당신을 사랑합니다.' 하고 고백하는 일이다. 두렵고 외로움에 잠겨있던 마음에 안락함과 따뜻함을 불러일으키고, 기쁨으로 가슴을 채워줄 수 있다. 제대로 된 이별은 떠나는 이와 뒤에 남는 가족 모두에게 위로가 되는 일이다. 수년 전 장인어른이 돌아가시면서 우리 부부를 향해 "너희가 있어서 행복하였다." 하신 말씀이 생각날 때면 지금도 내 마음은 위로를 느낀다.

생자필멸生者必滅, 회자정리會者定離. 평소에 우리는 이별에 대한 준비가 되어있어야 한다. 사랑하는 이가 떠나간 후에 가슴을 쓸어내리는 것은 정말 어리석은 짓이다. 사라진 기회를 아쉬워하며 다음 세상에서 다시 만날까 기대하는 게 고작이다.

2022년도 의학도 수필공모전 수상작인 홍승주 학생의 〈웃으며 안녕〉이란 글이 생각난다. 임상실습 중에 임종방에서 사랑하는 이들의 이별 장면을 지켜보면서 쓴 글이다. 그의 글 속에는 마지막 순간에 아버지와 아들이 어떻게 위로를 받고 이별의 아픔을 극복하는지 생생하게 잘 그려져 있다.

의사는 생사의 현장을 가장 가까이서 지켜보는 사람들이다. 의식불명이었던 환자가 심폐소생술로 다시 깨어나 사랑하는 이들과 못다 한 이별을 마무리 짓는 장면을 목격할 때가 가끔 있다. 짧은 시간에 불과하지만, 그들에겐 더없이 소중한 순간임을 알 수 있다. 생의 마지막 순간을 맞는 환자가 사랑하는 가족과 제대로 된 이별의 시간을 갖도록 기회를 열어주는 것은 의사로서 환자를 돌보는 것 못지않게 의미 있는 일이다. 그들 모두를 행복하게 하는 일이기 때문이다. 환자들의 병을 치료하기 위해서는 유능한 의사가 되어야 하지만 환자와 그 가족들의 아픈 마음을 위로하기 위해서는 마음이 따뜻한 의사가 되어야 한다.

몸에 좋은 약

진찰할 때 환자들에게 가장 많이 듣는 부탁이 "몸에 좋은 약 하나만 추천해 주세요." 하는 말이다. 그럴 때마다 나는 늘 같은 대답을 한다. "밥이 보약입니다. 골고루 드세요." 우리가 먹는 음식에는 우리 몸에 필요한 모든 영양분이 들어 있기 때문이다.

우리는 다양한 식품을 통해 생명과 건강을 지키면서 살아간다. 모든 식품은 수많은 세월을 거쳐 그 효능을 인증받아 우리의 식탁에 오르게 된 것들이다. 어떤 식물이 식품으로 채택되려면 두 가지 조건을 충족해야 한다. 하나는 영양이고 다른 하나는 안전성이다. 우리 조상들은 이 두 가지 조건에 맞는 식물을 얻기 위해 수많은 시행착오를 거쳤음은 말할 필요도 없다. 먹고 나서 심한 고통을 겪었거나 목숨을 잃게 한 것은 제외하고, 건강에 도움이 되고 안전한 식물들만 골라서 논과 밭에 씨를 뿌리고 가꾸어 식탁에 올리도록 했을 것이다. 그런 점에서 각종 곡물이나 과일을 비롯하여 무와 배추, 상추라 해도 우리에게 얼마나 소중한 식물인지 모른다. 수천, 수만 년에 걸쳐 우리 조상들이 이뤄낸 성과이다.

요즘 과도한 매스컴의 영향으로 평소 식탁에 오르지 못하던 자연의 재료들이 신비의 영약으로 둔갑하는 예가 많다. 진작 조상들에 의해 식품으로 선택되지 못하였고, 과학적 근거에 의해 제대로 검증도 받지 않은 채 만병통치약처럼 소문을 탄다. 소문이 모두 진실은 아니고, 비싸다고 좋은 약이 아니다. 상술이 상식을 뛰어넘을 수는 없다. 평소 식탁에 오르지 못하는 식물은 독성을 가졌을 가능성이 크다. 당장은 유해성이 드러나지 않아도 오랫동안 섭취하면 문제가 될 수 있다. 조상들이 다져온 오랜 경험과 지혜를 가볍게 여기지 말아야 한다. 암이나 기타 중증 질환을 앓는 사람들의 심리적 허점을 이용해 상술이 파고드는 일도 없어야 한다.

담배 속엔 무려 7천여 가지 물질이 들어 있다고 한다. 마찬가지로 자연에 존재하는 어떤 식물에도 최소 천여 가지 이상의 성분이 들어 있으며, 그중에는 당연히 유해 물질도 포함되지 않을 수 없다. 세계적인 연구소나 제약회사에서 자연에 존재하는 동식물이나 광물 속에 들어있는 유효성분을 밝혀 추출하거나 인공적으로 합성해 낸다. 불순물 0%를 목표로 엄격한 검증 과정을 거쳐 출시하고 있다. 그렇게 하여 크면 콩알 하나, 작으면 먼지보다 작은 적정 형태로 나온 제품이 각종 치료제이다. 과거에는 독으로만 알았던 생물이나 광물까지도 그 성분 중 일부는 치료제로 매우 유용하게 쓰이고 있다. 첨단과학 덕분이다.

질병이나 경제적인 여건 등으로 적절한 영양 섭취가 불가능한 이들에겐 특정 성분의 영양소를 공급할 필요가 있다. 편식이 심한 경우에도 부족한 성분을 별도로 보충해야 한다. 그러나 평소 식탁에 오르지 못하던 식물들을 자연 그대로 혹은 액상이나 정제 형태로 모든 사람에게 일괄적으로 투여하는 일은 없어야 한다. 더구나 우리 몸의 대표적인 해독기관인 간이나 콩팥에 문제가 있는 사람에게는 절대 금기이다. 당뇨 환자 역시 민감하게 영향을 받는다. 심장이나 혈액질환, 대사성 질환이 있는 환자들 역시 주의해야 할 대상이다. 어떤 물질을 통째로 먹는 경우 몸에 유익한 성분뿐만 아니라 유해 성분까지 섭취하게 된다. 건강한 사람에겐 무난한 양이라도 위와 같은 질환이 있는 사람에겐 큰 위험이 될 수 있다.

각 민족이나 나라마다 건강 식단이 전해져 오고 있는데, 그중에 세계적으로 인정받는 건강식이 지중해식 식단이다. 싱싱한 과일과 채소류, 불포화 지방산이 많이 들어있는 올리브유를 주재료로 사용하기 때문이다. 다행히 우리에게도 조상으로부터 물려받은 건강식이 있다. 비빔밥 혹은 그와 유사한 식단으로 식탁을 차리면 우리 몸에 필요한 모든 영양소를 섭취할 수 있다. 그러나 아무리 안전한 식품이라도 당뇨와 비만, 지방간, 동맥경화로 인한 심장이나 뇌혈관 질환 등 성인병 발생의 위험을 줄이기 위해 동물성 지방과 과다한 탄수화물 섭취는 제한해야 한다.

'밥이 보약이다. 골고루 먹어라.' 영양에 관한 한 진리이다.

보이지 않는 얼굴들

꼭 오셔야 할 분인데 모습을 보이지 않는다는 사실을 얼마 전에야 알게 되었다. 개원 초기부터 몸이 불편하면 언제든 달려오시고는 했었는데 두 달째 모습을 보이시지 않는다. 이젠 노인이 되신 강○○ 아주머니시다. 근처에 사셨는데 진해 용원으로 이사하신 뒤에도 매달 한 번씩 새벽같이 집을 나서 진료를 받고 가시던 분이었다. 요양병원에 입원하셨거나 어쩌면 세상을 떠나셨을 수도 있다.

그러고 보니 언제부턴가 보이지 않는 얼굴들이 자꾸만 늘고 있다. 그중에는 본인의 몸이 불편할 때는 물론이고 이웃에 아픈 사람이 생겨도 손을 잡고 오시던 분도 있다. 식육점 서○○ 할머니가 대표적인 분이시다. 못 뵌 지가 거의 이십 년이 되었다. 그렇게 쌓여온 인연 중에 사라진 얼굴들이 얼마나 되는지 알 수가 없다. 낯익은 얼굴들을 하나, 둘 떠올리다 보면 헤아릴 수 없이 많은 얼굴들이 지나간다. 참으로 고마운 분들이다. 대부분 나보다 연배가 높으신 분들이라 요양병원이나 요양원에서 여생을 보내실 수도 있지만 이미 세상을 떠나신 분들이 훨씬 많을 것 같다. 이 세상에서 다시 뵐 수 없는 분들이 되셨다.

37년 전, 뚜렷한 타이틀도 없이 전혀 연고도 없는 곳에 달랑 면허증 하나 들고 의원을 열었다. 처음 몇 달간은 종일 보는 환자 수가 방문하는 영업사원 숫자보다 적었다. 그러던 환자가 조금씩 늘더니 숨 돌릴 여가 없을 만큼 바쁘게 되었다. 내가 잘나서가 아니라 못난 나를 믿고 찾아주시던 분들이 입소문을 내고 다른 분들의 손을 잡고 끌어오신 덕분이었다. 결국은 규모를 키워 동료 의사들의 도움을 받게 되었다. 그로 인해 전에는 3박 4일의 휴가를 보냈으나 2박 3일로 줄였다가 아예 휴가 없이 진료실을 지킨 지가 10여 년이 되었다.

쇳덩어리도 아닌데 환자를 진료하다 보면 나도 지칠 때가 가끔 있다. 그럴 때 내게 위로와 힘을 실어주는 존재는 나를 찾는 환자들이다. 나는 원칙대로 진료했을 뿐인데 그분들은 넘치게 감사와 고마움을 표하신다. 조금이라도 내게 피로한 기색이 보이면 격려를 아끼지 않으신다. 그리고 오래오래 건강한 몸으로 자신들을 돌봐 주기를 원하신다. 나의 피로는 금방 풀어질 수밖에 없다.

　얼마 전엔 귤 다섯 상자가 배달되었다. 보낸 사람의 인적 사항도 없고 직원들과 나눠 먹으라는 말만 전하고 배달한 사람은 가 버렸다. 누구의 부탁으로 어느 가게에서 보냈는지도 모른다. 누가 보냈는지 사연이라도 알고 먹으려 했는데 오래 보관할 수가 없어 골고루 나눠 먹고 말았다. 한 달이 다 되어 가는데 귤 보냈다는 분을 아직도 알지 못한다. 옛날에는 집안에 행사가 있으면 온갖 먹거리를 들고 오시던 분들이 많았는데 규모를 키우고 직원이 늘어난 후 사라진 풍경이 되었다. 그런데 이번엔 큰 신세를 지고도 고맙다는 인사조차 드릴 수가 없다. 누군지 고맙기는 하지만 어깨가 더 무거워진 것은 사실이다.

　이전에는 단골 환자는 거의 모두 조부모와 손자녀, 그리고 형제들까지 머릿속에 가계도를 그릴 만큼 꿰차고 있었는데 이젠 그러는 게 쉽지 않다. 하지만 오랫동안 인연을 맺어오던 분들의 모습이 하나 둘 사라질 때면 왠지 서운하고 아쉽다. 언젠가는 떠나가실 분들이지만 그렇게 말없이 떠나시는 분들을 생각하면 뭔가 책임을 다하지 못한 느낌이 든다.

사람과의 인연은 하늘의 구름처럼 무심히 스쳐 지나는 것 같지만 보이지 않는 끈에 의해 서로가 연결된 것을 알 수 있다. 그 속엔 깊게 뿌리내린 따뜻함과 신뢰가 있다. 어느 한 편이 세상을 떠날지라도 그 인연의 끈은 사라지지 않는다. 좋은 인연으로 만났으니 떠날 때는 가볍게 손이라도 흔들어 주었으면 좋겠다.

의사로서 나 자신을 평가한다면 나는 그저 평범한 의사에 불과하다. 사회를 위해 봉사하거나 자신을 희생하며 살아가는 의사들과는 비교할 수조차 없는 보통의 의사이다. 대부분 의사처럼 내가 배운 지식을 통해 아픈 사람들을 돌보는 직업인 그 이상도 이하도 아니다. 그런데도 날마다 환자들과 좋은 인연으로 만날 수 있다는 건 정말 큰 축복이다.

신이 되고 싶을 때가 있다

경탄스러울 만큼 창조적인 능력을 보여주는 의사들이 있다. 그런 의사들을 가리켜 사람들은 '의느님'이라 부른다.

그런데 의사로서 환자를 진료하다 보면 정말로 신이 되고 싶을 때가 있다. 답답한 마음에 그런 생각을 하게 되지만 그렇다고 의사가 신이 될 수는 없다. 당장 가운을 벗어 던지고 싶지만 그런다고 해결될 일은 아니다. 결국 부족한 자기 능력을 탓하면서 좌절감에 빠지는 일이 많다. 그런 일을 겪어보지 않은 의사는 아마 없을 것 같다.

너무나 박절하게 삶을 접어야 하는 환자들이 있다. 곁에서 지켜볼 때면 안타깝기 그지없는 일이다. 겨우 걸음마를 시작하는 어린 자식과 생활수단도 익히지 못한 배우자를 남겨두고 떠나야 했던 갓 서른 살의 위암 환자를 생각하면 지금도 가슴이 아프다. 신은 왜 그들의 애타는 심정을 외면했을까? 이럴 때 신은 참 냉정한 존재라는 생각이 든다. 내가 신이라면 그렇게 하지는 않을 텐데….

어느 한순간도 견디기 어려운 육체적인 고통 속에서 삶을 이어가는 사람들이 있다. 어쩌면 죽음보다 힘든 삶을 보내는 사람들이다. 처음부터 불행을 안고 태어난 사람도 있고, 어느 날 갑자기 불행의 늪으로 빠진 사람도 있다. 해결될 수 없는 질병의 고통과 함께 그들이 살아가는 모습을 지켜보는 것은 참으로 부담스럽다. 하루가 다르게 의술이 발전하고 있지만 아직은 현대의학으로서도 해결할 수 없는 한계가 있다. 이런 환자를 만날 때면 의사가 아닌 신이 되고 싶어진다.

의사로서 도저히 감당할 수 없는 일이 발생하는 수가 있다. 예측하지 못했던 오진으로 어떤 해결책도 찾을 수 없게 된 경우이다. 의사가 신이 아니라는 사실이 한스럽게 여겨지는 순간이다. '왜 이런 불행이 내게 닥쳤는가?' 하는 생각이 든다. 의사로서 살아가다 보면 평생 몇 번은 이런 순간을 마주하게 된다. 그러지 않고 의사의 삶을 마칠 수 있는 사람은 행운아 중의 행운아이다. 단순한 질환인가 싶었는데 심각한 상태로 빠져드는 예는 얼마든지 있다. 일반적인 생각의 범위를 넘어 의외의 변수까지 고려하면서 환자를 보아야만 그나마 위험을 줄일 수 있다. 매일 환자들을 마주하며 살아가지만, 쉬운 환자는 없다.

대학동창회 등반대회에서 함께 걷던 후배 의사의 하소연이다. 기계에 오른쪽 새끼손가락 끝마디 일부가 잘려서 찾아온 환자인데 살리려고 하면 괴사가 되어 말썽을 부릴 것 같아 환자의 동의를 얻어 달랑거리는 부분을 잘라내고 봉합하였단다. 나중에 환자의 형이란 사람이 수시로 찾아와서 왜 접합수술을 하지 않았냐고 소란을 피우는 통에 무척이나 시달렸다고 한다. 환자들은 신처럼 완벽한 의사를 기대하지만 그렇다고 의사가 신이 될 수는 없다.

환자들은 우리에게 자신의 건강과 생명을 맡기지만 그 일을 완벽하게 감당하기에는 우리의 능력이 미치지 못한다. 그저 두 손 놓고 애만 태우는 일이 생길 때면 우리의 모습은 초라하기 짝이 없고 의사라는 사실이 원망스럽게 느껴지기도 한다. 하지만 최선을 다해 환자를 돌보는 게 우리의 책임이다. 그리곤 저 너머에 있는 신의 따뜻한 손길을 기대하는 게 우리가 할 수 있는 전부이다.

의사는 기계를 다루는 직업이 아니라 질병으로 고통받는 사람을 돌봐야 하는 직업이다. 인간의 고통과 생사를 좌우하는 일이다. 이 사실을 모르고 의사의 길을 선택한 사람은 없겠지만 일단 의사의 길로 들어섰다면 누구나 각오는 되어 있어야 한다. 의사로서 최선을 다했는가? 양심에 부끄럽지는 않은가? 수시로 자신을 돌아보아야 한다. 신의 무거운 짐이 미약한 인간의 어깨 위에 내려진 느낌이다. 그러나 힘은 들어도 보람도 함께하는 것이 의사의 삶이다.

그런 중에도 끝없이 도전하는 의사들이 있다. 마치 신의 영역에 도전하는 사람들 같다. 그들에게 격려를 보내지만, 답을 찾지 못한 질병들을 생각하면 가야 할 길은 아직 멀다.

침묵의 살인자들

고혈압을 흔히 침묵의 살인자라 부른다. 뚜렷한 증상도 없이 불시에 목숨을 앗아가는 병이기 때문에 붙여진 별명이다. 그런데 의학적인 관점에서 보면 고혈압 외에도 더 많은 침묵의 살인자들이 있다. 당뇨, 동맥경화, 고지혈증, 그리고 모든 종류의 암을 침묵의 살인자라 할 수 있다. 이들 역시 처음에는 별다른 증상을 보이지 않다가 웬만큼 병이 진행되어야 가벼운 증상이 나타나게 된다. 뚜렷한 증상을 자각하였을 땐 이미 중요 장기가 손상되었거나 목숨이 위태로운 경우인 수가 많다.

이들 질환에 대해 제대로 인지하지 못하거나 설혹 알고 있다고 해도 그들의 존재를 대수롭잖게 여기는 사람들이 있다. 이런 병에 걸린다고 하여 당장은 불편하거나 고통을 동반하지 않기 때문이다. 그러나 그들이 노리는 것은 우리의 목숨이기에 이들 질환 중 어느 하나도 가볍게 보아넘기는 일은 없어야 한다.

이들 질환과 한번 인연을 맺게 되면 전혀 없었던 일처럼 이전 상태로 돌아갈 수가 없다. 평생을 이들과 지속적인 관계 속에서 지내야 한다. 유병 기간이 길어지면 신체 장기가 곳곳이 망가져서 어느 순간 갑자기 생명의 위협을 받을 수 있다. 두고 보자는 식으로 그들을 방치하지 말아야 한다.

하루 10만 번씩 뛰는 심장이 높은 혈압을 감당하려면 크기는 늘어나고 벽도 두꺼워질 수밖에 없다. 당연히 심근경색이나 협심증, 심부전증의 위험이 커지게 된다. 그 외에도 뇌나 콩팥, 망막을 비롯한 중요 장기를 비롯하여 전신의 혈관 벽에 손상을 입혀 장애를 가져오거나 생명을 위태롭게 한다. 고지혈증으로 인해 동맥경화가 발생하고, 당뇨 역시 이들 질환의 원인으로 작용한다.

처음에는 생고무처럼 부드럽고 탄력적이던 혈관 벽이 세월이 흐르면서 딱딱하게 굳어진다. 벽에 찌꺼기가 쌓여 동맥경화반(죽종)이 생겨 웬만큼 혈관이 좁아지면 비로소 증상을 느낄 수 있다. 혈관 벽에서 떨어져 나온 작은 죽종이 혈액을 타고 흐르다가 뭉쳐진 덩어리(혈전)가 혈관을 막아버리면 심근경색이나 협심증, 뇌졸중(뇌경색)을 일으킨다. 하지를 절단하거나 실명을 하는 수도 있다. 굳어지고 두꺼워진 혈관 벽은 다시 부드러워질 수 없고, 한번 생긴 죽종 역시 사라지는 일이 없다. 가능한 일찍부터 치료를 시작하여 병의 진행을 막아야 한다. 건전한 식이조절과 적절한 운동에 의한 생활 습관 개선과 의학적으로 인정받는 약물 복용이 필수이다. 끊지 말고 약물을 계속 복용하면 치명적인 위험도 훨씬 낮출 수 있다.

암은 침묵의 살인자들 가운데 대표 주자라 해도 손색이 없다. 어떤 암도 초기부터 증상이 나타나지는 않는다. 비정상적인 세포(암세포)가 우리 몸속에서 정상 세포보다 엄청 빠르게 자라고 있을 뿐이다. 어느 정도 진행되면 덩어리가 만져지거나 약간의 이상 징후가 나타날 수 있으나 뚜렷한 증상을 느끼려면 더 많은 시간이 흘러야 한다. 그전까지는 약간의 피로감이나 가벼운 식욕부진, 원인 모르는 미열이나 식은땀이 흐르는 정도에 불과하다. 급격히 체중이 줄거나 통증 혹은 신체장애를 동반할 때는 이미 암세포가 다른 장기로 전이되었거나 신경계를 침범한 경우로 볼 수 있다.

쉽게 말해 큰 병은 아프지 않다. 처음부터 고통을 초래한다면 일찍 치료를 시작할 텐데 그렇지 않다 보니 병을 방치하게 되고

통증을 비롯하여 뚜렷한 증상을 느낄 때는 이미 병이 상당히 진행되어 합병증이 발생하였거나 적정 치료의 시기를 놓치는 경우가 많다. 일반적으로 우리 몸은 40대부터 면역능력이 떨어지고 신체가 하향곡선을 그리게 된다. 따라서 평소에 건전한 생활 습관을 유지하고, 40대에 들어서면 건강검진을 비롯하여 정기적인 건강 체크를 하여 조기에 병을 발견하고 치료를 서두르는 게 최선이다.

피똥 싸면 죽는다

'피똥 싸면 죽는다.' 아주 어릴 적에 어른들에게 들은 말이다. 60여 호의 일가친척이 모여 사는 집성촌에서 어린 시절을 보냈다. 그 당시 환갑만 넘으면 상노인이라 했다. 쉬는 날도 없이 부지런히 일만 하고 꼬장꼬장하던 상노인 한 분이 왠지 기운을 잃고 시들시들 몸이 여위더니 어느 날부턴가 집 밖에 모습을 드러내지 않았다. 곧이어 마을에 이상한 소문이 돌았다. "그 어른이 피똥을 싸신데. 아마 곧 돌아가실 거야." 하는 소리였다. 얼마 후 그분은 정말로 돌아가셨다.

변비가 심하거나 치질에 걸리면 대변에 피가 나오는 수가 많다. 하지만 그 옛날 시골에서는 나물로 배를 채우다시피 했고, 논밭에서 종일 서서 하는 일이라 변비나 치질에 걸릴 일은 거의 없었다. 또한 치질로 인해 밥맛을 잃거나 몸이 축나서 목숨을 잃게 되지도 않는다. 과거에는 나이 든 사람이 특별히 어디가 아프거나 열도 없으면서 기운을 잃고, 식욕이 떨어져 음식을 먹지 못하고, 꼬챙이처럼 몸이 마르다가 죽으면 노환으로 인한 자연사라고 생각했다. 당시 그처럼 자연사한 사람들의 사망 원인을 요즘 의학으로 밝혀 본다면 거의 모두가 암이었을 것으로 생각된다. 위의 노인처럼 몸이 많이 여위고 혈변을 누는 것은 대장암 말기에 흔히 볼 수 있는 증상이다.

발생 빈도로 보나, 암으로 인한 사망률로 보나, 대장암은 모든 암 중에서 다섯 손가락 안에 드는 흔한 암이다. 유전적인 요인을 비롯하여 비만, 흡연, 알코올, 붉은 육류, 가공육 등이 대장암의 위험을 높이는 것은 사실이지만 이들을 멀리한다고 대장암을 완전히 막을 수는 없다. 보리밥과 나물만 먹던 50여 년 전에도 대장암은 상당히 흔했을 것으로 보지만 제대로 진단도 받아보지 못하고 세상을 떠났을 뿐이다.

내가 의과대학 본과 2학년 때 동기 중에 직장암 진단을 받고 여관에 투숙하여 자신의 몸을 침대에 묶고 분신으로 세상을 떠난 사람이 있었다. 지인의 자녀 중에 10대에 대장암으로 세상을 떠난 예도 있었다. 유전성의 가족성 용종증이 있는 사람은 훨씬 더 일찍 대장암에 걸릴 수 있다. 대장에 생기는 물혹 중의 하나인 선종이 대장암으로 넘어가는 데는 5~10년이 걸린다. 3년 만에 대장암으로 진행된 드문 예도 있었다. 대장내시경을 하면 30대에 선종 발견율이 10%에 달하고, 40대를 넘기면 그 비율은 더욱 높아진다. 일반적으로 50대부터 대장내시경을 권하고 있으나 그보다 일찍 받아야 한다는 얘기가 의학적으로 더 설득력이 있다. 50세 이전에 대장암을 진단받은 이들 중 70%는 대장암 관련 가족력이나 유전적 이상이 없었다고 한다.

진료 현장에서 경험하는 바로는 정기적으로 대장내시경검사를 받던 사람보다는 처음으로 대장내시경검사를 받는 환자 중에서 대장암이 발견되는 예가 훨씬 많다. 바쁜 생활을 핑계 삼아 한 번도 검사를 받지 않던 사람이 혈변이나 복통, 변비나 가늘어진 대변, 빈혈, 체중감소 등의 증상이 생겨 가족들의 성화로 대장내시경검사를 받다가 대장암이 발견되는 경우이다. 대장암으로 인해 대변에 피가 나오거나 본인이 증상을 느낄 정도라면 이미 초기 단계는 상당히 지난 상태로 볼 수 있다. 선종만 미리 제거했어도 대장암으로 희생되는 일은 없었을 사람들이 수술과 항암치료를 받으며 고통을 겪게 되고, 더러는 목숨까지 잃는다.

모든 암 중에서 거의 완벽하게 막을 수 있는 암이 대장암이다.

대장내시경으로 대장에 생기는 선종만 제거하면 대장암은 99% 예방할 수 있다. 장을 깨끗이 비우는 게 불편하지만, 그 정도 수고로 대장암을 미리 예방한다면 충분히 그럴 만한 가치가 있지 않은가? 직장에 잘 생기는 유암종 역시 대장내시경으로 발견하여 제거할 수 있는 암성 종양이다.

2부

추억 속의 나날들

고향, 그리고 어머니

언제 들어도 마음이 따뜻해지고 가슴 설레는 말이 있다. '고향!' 그리고 '어머니!' 이보다 정겨운 말은 없다. 내 마음은 어느새 어린아이가 되어 어머니 계신 고향 길을 달린다.

북쪽으로 소백산맥 줄기가 바라보이고, 거기서 발원된 금천이 마을 뒷산을 감아 내려오다가 '회룡포'를 돌아 나오는 내성천과 만나는 곳에 고향 마을이 있다. 두 물길이 하나가 되어 마을 앞 들판 왼쪽을 타고 흐르다가 맞은편 끄트머리 삼강에서 낙동강 본류와 합쳐진다. 삼강은 대한민국 '마지막 주막'이 있던 곳이다. 지금은 회룡포와 삼강이 전국의 명소로 알려져 찾는 이들이 많지만, 내 어릴 때만 해도 사방이 산으로 둘러싸여 바깥세상은 구경도 할 수 없는 오지였었다. 15~6촌 이내의 일가 60여 호가 모여 사는 우리 마을에선 누구를 만나도 할배, 할매, 아재, 아지매, 형님, 누님으로 통했고, 항렬이 낮으면 모두가 이름을 불렀다.

어린 시절 내게 가장 시급한 문제는 배고픔을 해결하는 것이었다. 무를 뽑아 바지에 쓱쓱 문질러 흙을 털어버리고 껍질을 입으로 벗겨내며 먹기 일쑤였고, 목화꽃 피는 다래밭에 들어가 연하고 부드러운 풋다래를 따먹으며 단맛을 즐겼다. 달콤하고 향긋한 아카시아꽃은 더없이 소중한 먹거리였고, 찔레 순을 꺾어 먹고, 송기를 벗겨 먹으며 고픈 배를 달랬다.

감꽃이 필 무렵이면 새벽마다 바람처럼 달려가 약간은 떫고 달콤한 감꽃을 주워 실에 꿰어 목에 걸고 다니며 먹었고, 곧이어 떨어지는 풋감을 주워다가 소금물에 삭혀서 먹었다. 억새풀처럼 생긴 삘기의 어린 꽃대를 뽑아 먹기도 했으나 배를 채우기에는 역부족이었다. 소먹이 꼴을 베다가 친구들과 밀 서리, 콩 서리를 해 먹고 배가 불러오면 볼에 묻은 검댕을 서로 가리키며 깔깔거리곤 했었다.

꼴망태가 찰 때쯤이면 개구리를 잡아 다리를 잘라 나뭇가지에 걸쳐 모닥불에 바삭하게 구우면 고소한 맛이 별미였다. 메뚜기 20~30여 마리를 잡아 와서 아궁이 불에 구워 먹기도 했다. 명절과 제삿날 외는 고기를 구경도 할 수 없었던 그 시절에 개구리와 메뚜기가 아니었으면 살아남기나 하였을까? 점심은 먹은 둥 마는 둥 했고, 저녁은 멀건 갱죽이나 칼국수로 때우는 날이 많았다. 국수를 먹는 날이면 밀가루 반죽을 홍두깨로 밀어 칼로 썰고 계신 어머니 곁을 맴돌다가 손바닥만큼 잘라주시는 '국시 꼬레이'를 아궁이 불에 구워 먹던 그 기쁨이 지금도 생생하다.

도시에 뿌리를 내리고 배고픔을 잊은 지가 수십 년이 흘렀건만 나는 왜 가난하고 배고프던 그 시절이 이토록 그리울까? 온 식구가 옹기종기 모여 꽁보리밥에 된장과 김치로 고픈 배를 달래던 그 광경이 눈에 선하다. 누덕누덕 기운 옷에다 장갑도 없이 겨울을 보내면 동상에 걸려 벌겋게 달아오른 손은 진물이 나고 견딜 수 없을 만큼 가려웠다. 그렇게 추위에 떨면서 보낸 겨울도 지금은 따스한 추억이 되었고, 땀을 뻘뻘 흘리면서 보낸 여름조차도 시원한 물길이 되어 가슴속을 흐른다. 지워버리면 더 행복할 것 같은 기억들인데 이토록 소중한 추억이 되어 마음을 설레게 한다. 옛 추억들이 생각날 때마다 그리움이 샘물처럼 솟는다.

해마다 겨울이 되면 마을로 찾아와 며칠씩 머물다 가는 친척 한 분이 있었다. 오래전에 도시로 떠나 회사를 차린 분이라 했다. 하얀 얼굴에 멋진 양복을 입은 도시 아저씨는 다른 세상에서 온 사람 같았다. 그분의 얘기를 들으면서 나는 한 번도 본 적이 없는 버스와 전차와 양옥집을 눈에 그려 보고는 했었다. 겨울 철새처럼 그분이 그토록 고향을 찾았던 이유를 이제야 알 것 같다.

내가 태어나서 자랐고, 그립고 소중한 추억이 담긴 곳 '고향'! 부모 형제와 그리운 얼굴들과 함께 보낸 곳이기에 기억 속에서 지워버릴 수가 없다. 친구들과 어울려 꼴을 베고, 얼음을 지치고, 금천에서 발가벗고 개헤엄을 치던 모습이 눈에 선하고, 풀과 나무와 뒷산 바위조차 내게 그리움을 더한다.

어리광 한번 부리지 못하고 자랐으나 그래도 가장 따뜻한 이름 '어머니'! 내게 생명의 씨앗을 주시고 핏덩이 같은 나를 땀과 눈물로 자라게 하신 분, 무섭도록 강하시던 어머니의 가슴속에 용광로 같은 사랑이 끓고 있었음을 이제야 깨닫는다.

이 세상 마지막 날까지 결코 잊을 수 없는 고향과 어머니에 대한 그리움을 어찌 글로 다 담아낼 수 있으랴!

꿈속에서 뵌 아버지

돌아가신 아버지를 7년 만에 꿈속에서 뵈었다. 평소보다 혈색이 좋은 모습으로 시골집에 누워 계셨다. 너무 반가워서 아버지 얼굴에 볼을 문지르며 "아버지! 사랑했어요. 아버지를 좋아했어요."라고 하려는데 말이 목에 걸려 나오지를 않았다. 내가 무슨 말을 하려는지 다 아신다는 듯이 아버지는 내 등을 토닥여 주셨다.

꼭 하고 싶었던 말인데 끝내 못하고 꿈에서 깨니 아쉬운 마음에 잠이 모두 달아나 버렸다. 아버지 생전에 나는 한 번도 아버지를 사랑한다고 말씀드린 적이 없다. 한 번만 그렇게 말씀드렸어도 얼마나 좋아하셨을 텐데…. 언제나 잘난 척 까탈스럽기만 했던 것이 마음 아프다. 왜 그리도 철이 없었던지, 이젠 후회해도 돌이킬 수가 없다.

어릴 적에 나는 아버지가 곁에 계시지 않으면 잠을 이루지 못했다. 동생 둘이 두 살 터울로 연달아 태어나는 바람에 나는 일찍부터 사랑방에서 아버지 품에 안겨 잠이 들고는 했다. 내가 잠이 든 후에야 아버지는 마을 나들이를 가셨고, 행여 자다가 깨어서 울고불고 난리를 피우면 형이나 누나는 급히 아버지를 모시러 가야 했다. 그때마다 아버지는 부랴부랴 밤길을 달려오셨다. 고등학교 진학을 위해 내가 집을 떠난 후 아버지께서 많이 서운해 하신다는 얘기를 어머니께 들었으나 귓등으로 흘리고 말았다.

의과대학을 졸업한 뒤 나는 통상적인 의사의 길이 아닌 기초의학인 해부학 조교로 들어갔다. 그런데 발령받고 5일 만에 사병으로 입대하라는 영장이 나왔다. 의예과에 입학한 후 신원조회에서는 통과되어 무관(군의)후보생으로 6년을 보냈는데 졸업을 앞두고 다시 신원조회를 한 뒤에 일어난 일이었다. 연좌제와 엮어서 뒤늦게 무관후보생 자격을 박탈한 병무청의 처사를 도무지 이해할 수 없었다. 소청심사위원회에 제소하면 결론 내리는 데 한 달은 걸린다고 했다. 보름 후가 입대일이라 어떤 대응도 할 수 없었다. 동기들은 전공의 과정에 들어가 4년 뒤면 대위로 임관될 예정이었고, 일부는 군의학교에 들어가 중위 임관을 앞두고 있었다.

재학 중에 학생운동이나 데모에 관여한 적이 없었고, 평범한 농부의 아들이었기에 6·25 때 월북한 당숙 외는 달리 사유를 생각할 수 없었다. 급히 학교 일을 마무리 짓고 입대 직전에 아버지를 뵈니 모든 게 당신 탓이라며 괴로워하고 계셨다. 고향이 경북 문경인데 6·25 때 북한군이 낙동강 전선까지 내려왔을 때 북한군 점령하에 있던 곳이었다. 북한군이 물러나고 국군이 들어와 부역자를 색출할 때 아버지도 그 명단에 들었으나 마을 사람들의 증언으로 부역자가 아니라는 사실이 밝혀져 처벌은 면했다고 하셨다. 하지만 당시의 기록 일부가 남아서 내게 화가 미친 것 같다고 하셨다. 운명이라 생각하며 왜관에서 논산훈련소로 가는 입영열차를 탔다. 1978년 4월 10일이었다. 그 당시 마을에서 처형된 사람이 여러 명 있었는데 나중에 들은 바로는 '보도연맹 사건'과 관련이 있었다고 했다.

전역을 석 달 남긴 1980년 10월 초 어느 날 지구병원 영내 보초를 서고 있는데 '국보위에서 연좌제를 폐지하기로 하였습니다.' 하는 방송이 나왔다. 그 순간 '어떻게 이처럼 기막힌 일이 있을 수 있단 말인가? 나는 연좌제에 걸려 3년을 사병으로 보냈는데…' 참으로 기구한 운명이란 생각이 들어 눈물이 왈칵 쏟아졌다. 나만 연좌제의 피해자가 된 기분이었다. 할 수만 있다면 남은

3개월이라도 군의관으로 보내고 싶었다.

  제대 후 한동안은 동기들 모임에서 군대 얘기만 나오면 입을 다물고 뒷자리로 물러앉고는 했다. 대한민국 의사 중 유일하게 위생병으로 복무했다는 열등감 때문이었다. 그로부터 30년이 지나 대전 군의학교에서 열리는 아들의 임관식에 참석하여 대위 계급장을 다는 아들을 보면서 '비로소 연좌제의 그늘에서 벗어나는구나!' 하는 묘한 감회를 느꼈다.

  그러나 그 일로 아버지를 원망한 적이 없고, 패배자처럼 살아오지 않았다는 게 얼마나 다행인지 모른다. 하마터면 아버지와 나 모두 불행의 주인공이 될 수도 있었다. 오히려 여리고 소극적이던 내가 긍정적이고 강한 사람이 될 수 있었던 것은 그와 같은 시련 덕분이라 생각한다.

아들과 어머니

　자식에게 어머니보다 그리운 존재는 없다. 나이 든 아들이지만 떠나가신 어머니를 향하는 마음은 세월과 함께 깊어만 간다.
　내겐 어릴 적에 어머니 품에 안겨본 기억이 없다. 두 살 터울로 연달아 동생이 태어나는 바람에 저녁마다 어머니와 떨어져 사랑방 아버지의 품에서 잠이 들고는 했다. 물론 두 살 전에는 어머니의 젖을 물고 자랐을 테지만 워낙 어릴 때의 일이라 기억할 수가 없다. 아주 어릴 때부터 농사일과 길쌈으로 잠시도 쉴 틈 없이 바쁜 어머니를 보면서 자랐기에 어머니 품에는 안겨볼 생각조차 할 수 없었다. 그런데도 아버지보다 어머니가 더 그리워지는 내 마음을 나도 알 수가 없다. 생전에 아버지께서 이 마음 아셨더라면 서운하셨을지도 모른다.

어릴 적에 우리 육 남매에겐 어머니보다 무서운 분이 없었다. 워낙 성품이 강하고 엄하셔서 형제들 모두가 어머니를 두려워했다. 어릴 적에 아버지에게 매를 맞은 적은 없어도 어머니에겐 한 차례 심하게 맞았던 기억이 또렷하게 남아있다. 단돈 십 원도 몸에 지니지 못하게 하실 만큼 엄격하신 분인데도 지금 내 마음은 아버지보다 어머니가 더 그립다. 가슴이 미어지게 보고 싶을 때도 있다.

자식에겐 세상에서 어머니의 품보다 더 안전하고 포근한 곳이 없다. 어미 닭과 병아리를 보면 쉽게 알 수 있다. 위기가 닥치면 병아리는 본능적으로 어미 닭의 품을 찾는다. 주위에 아무리 든든한 피란처가 있어도 외면하고 20여 마리의 병아리가 한달음에 달려와 어미 닭의 품속을 파고든다. 어미 닭은 온몸으로 병아리를 감싸고 눈에 불을 뿜으며 경계를 펼친다. 절박한 위기의 순간에 자식은 어미를 찾고, 어미는 자식을 목숨으로 지키려는 모습, 어미와 자식 사이를 아주 잘 보여주는 예라 할 수 있다. '이게 바로 자연의 이치구나!' 싶다. 갑자기 무슨 일이 닥칠 때 무의식적으로 우리 입에서 "어머나!" 혹은 "에구머니!" 하고 비명이 터져 나오는 것도 그와 무관치 않으리라.

물론 어머니라 하여 자식에게 완벽한 존재라는 말은 아니다.

그러나 이 세상 누구도 자식을 지키려는 어머니의 마음은 따를 수가 없다. 아버지 역시 자식을 생각하는 마음이야 다를 바 없겠지만 어머니에겐 못 미친다. 자식을 향한 절대적인 사랑은 어머니마다 표현 방식에는 차이가 있을지라도 세상의 모든 어머니가 다르지 않다. 질환으로 인해 심한 기억장애를 지닌 분이 아니라면 어머니는 결코 자식을 잊어버릴 수 없다.

  자식 또한 이 세상에서 어떤 존재보다 어머니에 대한 애착이 강하다. 겉으로 드러나지는 않아도 그의 마음속 가장 깊은 곳에는 어머니를 향하는 마음이 깔려있다. 때로는 세상의 유혹에 끌려 어머니를 멀리하였어도 마음속에 잠들어 있는 어머니를 향한 간절함이 아주 사라질 수는 없다. 설혹 기억 속에 어머니의 존재를 담아두지 못한 사람일지라도 그의 마음속 어딘가엔 사모하는 구원자 어머니가 있다.

  어머니에겐 이 세상 그 무엇보다 자식이 소중하다. 아무리 가까운 부부 사이라 할지라도 어머니의 자식 사랑에는 미칠 수 없다. 하지만 자식에게는 이 세상 온갖 것들이 어머니보다 소중할 때가 많다. 자식은 어머니의 마음을 깊이 헤아리지 못하고 알려고도 하지 않는다. 자식은 배우자에게서 어머니의 마음을 찾으려고 할 때도 많다. 물론 성장의 한 과정이고 생명의 순환을 위한 자연의 법칙일 수는 있다. 그러나 부모로서의 자기 역할이 끝나면 자식은 다시 어머니를 찾게 된다. 잠들어 있던 어머니를 그리는 마음이 되살아나기 때문이다. 어머니에게서 나왔으니 다시 어머니에게로 돌아가는 것, 너무나 당연하지 않은가? 하지만 미련한 자식이 어머니의 마음을 헤아릴 때쯤이면 어머니는 이 세상 분이 아닌 경우가 많다.

　바쁜 세상살이 중에 잠시 어머니 모습을 떠올리기만 해도 가슴속이 따스해진다. 어머니 생전에 이 마음 알았더라면 그 기쁨 넘치고도 넘쳤을 텐데. 어리석은 자식의 뒤늦은 후회이다. 돌아가시기 두 달 전 추석에 뵈었을 때 하룻밤만 자고 가라시던 그 말씀 따르지 못한 게 너무 아쉽다.

길 떠나기

처음 떠날 때는 몰랐었다. 그것이 이별인 줄을. 내가 태어나서 첫 가슴앓이를 하게 된 것은 두 번째 고향 집을 떠나오던 날이었다. 그 후 떠나는 횟수가 늘어날수록 내 아픔의 크기는 줄어들었고, 나중에는 잠시 길나들이 하듯 무덤덤한 마음으로 집을 나서고는 했다.

고등학교 진학을 위해 김천으로 떠나던 날, 나는 새로운 세계와의 만남을 기대하며 가슴이 부풀어 있었다. 부모 형제와 떨어져 외톨이가 된다는 사실도 나의 기대감을 무너뜨리지는 못하였다. 당연히 이별에 대한 슬픔이나 아픔은 내 마음 어디에도 없었다. 함께 입학한 중학교 동기와 자취를 시작하고 새로운 학교생활에 적응하느라 바쁜 나날을 보내다가 두 달 만에 고향 집을 찾았다.

가족들과 하룻밤을 보내고 이튿날 오후 다시 떠나올 시간이 되었다. 어머니는 한 말 두 되가 든 쌀자루를 머리에 이고, 나는 반찬 보따리를 손에 들고 길을 나섰다. 집 모퉁이를 돌아서 마을을 벗어나 산길로 접어드는 순간 갑자기 폭풍처럼 후회가 몰려왔다. 몸은 앞으로 가는데 마음은 자꾸만 뒤로 끌려가고 있었다. 기차 시간 늦겠다는 어머니의 채근에도 불구하고 나의 발길은 제자리걸음 하듯 하였다. 앞에서 부지런히 걸으시는 어머니와의 거리는 조금씩 멀어져 갔다.

　이상한 낌새를 느낀 어머니께서 돌아보시는 순간, 내 입에서 울음 섞인 목소리가 터져 나왔다. "나 가지 않을래! 공부 같은 건 안 해도 좋아. 농사나 지으며 여기서 살래. 난 집으로 갈 거야!" 소리치며 뒷걸음질을 쳤다. 쌀자루를 내려놓고 달려오신 어머니가 "지금 와서 이러면 우째노? 제발 그러지 말고 가자." 하시며 달래셨다. 울상이 되신 어머니의 하소연에 도살장으로 끌려가는 소처럼 나는 다시 어머니의 뒤를 따랐다.

　그날 이후 두 달에 한 번꼴로 주말을 이용해 고향을 찾았는데 그때마다 어머니는 쌀자루를 머리에 이고, 나는 반찬 보따리를 들고 산 넘고, 내를 건너, 들판을 가로질러, 기차역으로 나갔다. 쌀자루만 올려주시고 기차에서 내린 어머니는 플랫폼에서 기차가 사라질 때까지 손을 흔들고 계셨다. 그렇게 오고 감이 반복되면서 아프던 내 마음은 아물어 갔고 집 떠나는 것도 일상적인 일이 되었다. 더 많은 세월이 흘렀을 땐 떠난다는 생각보다는 내 자리로 돌아간다는 마음으로 차에 몸을 싣고는 했다. 고향은 내 어린 날의 흔적이 남아있을 뿐 내가 아주 머물 곳이란 생각은 들지 않았다.

그러나 고향 떠난 지 몇십 년이 흐른 지금, 지난날을 돌아볼 때마다 길 떠나기를 시작하던 때의 광경이 어제 일처럼 머리에 떠오르고, 말할 수 없는 그리움에 마음이 젖는다. 기적소리를 울리며 기차가 떠난 후 함께 왔던 길을 홀로 돌아가신 어머니의 발길이 얼마나 무거웠을지 생각하면 가슴이 저려온다. 처음 길을 떠날 때가 열일곱 살이었는데 이제 일흔을 넘긴 나이에 꿈속에라도 나는 열일곱 살이던 그때로 다시 돌아가 보고 싶다. 갈수록 나의 기억은 또렷해지고 마음속 그리움은 짙어가는데 어머니는 이 세상 분이 아니시고, 고향 또한 동화 속의 나라처럼 멀기만 하다.

영영 돌아올 수 없는 먼 길을 떠나야 할 날이 가까워져 오고 있다. 언제 그날이 닥칠지라도 담담하게 받아들일 마음의 준비를 해야겠다. 어머니께 드리지 못한 마지막 한마디, 사랑한다는 말을 남는 이들에겐 꼭 들려준 뒤 떠나고 싶다. 길 떠나기는 서로에게 아픔이 아니라, 정을 나누는 기회가 되었으면 좋겠다. 가슴속에 아쉬움 대신 한세상 잘 살았다는 충만감을 안고 떠났으면 좋겠다.

먼저 가신 어머니를 다시 뵐 생각을 하니 마음이 설레고, 가슴속에 따스한 기운이 모닥불처럼 피어오른다. 아직도 나는 철부지 아이인 양 어머니 정이 그립다.

나의 모교 송설학원

고등학교를 졸업한 지 50년이 흘렀다. 고향에서 중학교를 마치고 원래는 학비와 생활비가 들지 않는 철도고등학교에 진학할 예정이었다. 원서 쓰기 바로 전날 김천고등학교 국어 선생님으로 계시던 재종 형님 되시는 분이 고향에 오셨다가 아버지를 설득하여 김천고등학교로 진로를 바꾸게 되었다. 나의 운명이 바뀐 순간이었다.

입학원서를 내기 위해 아버지와 함께 처음 교문을 들어서던 때의 광경이 지금도 눈에 선하다. 길 양편으로 늘어선 아름드리 벚나무와 플라타너스 가지 위로 수북수북 눈이 쌓인 경치에 절로 감탄이 나왔다. 나무 터널을 벗어날 무렵 눈에 들어오는 설립자 최송설당 할머니의 동상과 붉은 벽돌로 된 고색창연한 교사를 보면서 '와! 진짜 멋진 학교다. 이 학교에 꼭 들어오고야 말겠다.' 가슴 설레며 다짐하던 게 엊그제만 같다.

당시만 해도 김천고등학교는 대도시의 유명 학교들처럼 널리 알려지지는 않았으나 학생들 마음속엔 일제 강점기에 세워진 민족학교라는 자부심이 대단하였다.

전북 고부가 본향이라 고부할매라 불리기도 하셨던 설립자 최송설당은 최씨 집안의 장녀로 태어났다. '홍경래 난' 때 모함을 받아 불행하게 세상을 떠난 조상들의 명복을 빌려고 봉원사를 찾았다가 명성황후의 시샘을 피해 궁을 나와 있던 엄귀비(후에 순헌황귀비)를 만나게 된다. 그 인연으로 궁에 들어가 영친왕이 태어난 후 보모상궁에 책봉되어 10년간 정성을 다해 돌본 끝에 가문의 명예를 회복하였고, 고종황제로부터 '송설당'이란 칭호까지 받았다. 1907년 을사늑약을 앞두고 어린 영친왕이 일본에 볼모로 잡혀간 후 궁을 나온 송설당은 고향 김천으로 내려와 새로운 삶을 시작하였다.

최송설당은 궁에 들어가기 전 자신이 일군 재산과 순헌황후에게 하사받은 재산 전부를 해인사에 희사할 예정이었다. 그러나 만해 한용운 스님의 권유와 지역 유지들의 뜻을 받아들여 일제의 압제하에 있던 조국의 암울한 미래를 밝힐 인재 양성을 위해 인문계 학교를 설립하기로 뜻을 굳혔다. 하지만 조선인의 각성이 두려워 실업학교만 허락하던 일제의 방해로 학교 설립이 무산될 위기에서 송설당은 직접 사이토 총독 부인의 마음을 움직여 인문계 학교 설립 허가를 받아냈다. 그렇게 하여 김천고등보통학교가 1931년 문을 열 수 있었고, 평북 정주에 남강 이승훈이 세운 오산학교와 더불어 일제 강점기에 세워진 민족사학으로 자리매김하였다.

개교 당시 조선중앙일보의 여운형 사장과 조선일보의 방응모 사장, 동아일보의 송진우 사장이 직접 학교로 찾아와 축하하며 김천고보를 '영남의 오아시스'라 칭하였다고 한다. 지금도 전국에서 유일하게 3·1절에 입학식을 치르는 학교가 김천고등학교이다. 그런 모교가 어느새 개교 100주년을 눈앞에 두고 있다.

일본에 억류되어 있던 영친왕이 잠시 고국을 찾을 때면 대한해협을 건너 부산에서 기차를 타고 한양으로 가는 중에 김천역에 내려서 학교 뒤 정걸재에 기거하는 송설당을 찾아뵈었다고 한다. 20여 년 전에 세상을 떠난 생모인 순헌황후 대신 친자식처럼 자신을 돌봐준 송설당을 대하는 그분의 마음이 어떠하였을지는 짐작되고도 남는다. 지금도 6·25 때 폭격으로 무너진 정걸재 자리 어딘가엔 비운의 왕세자가 흘린 눈물이 보이지 않는 흔적으로 남아있으리라 생각하면 가슴 아픈 일이 아닐 수 없다.

이처럼 유서 깊은 모교를 다니면서 내 마음속엔 늘 아쉽고 궁금한 점이 하나 있었다. 남자학교의 교훈을 어떻게 '깨끗하게, 부지런하게'로 정하였단 말인가? '청소를 깨끗이 하고, 부지런히 공부하자.' 참으로 이해되지 않는 교훈이었다. 실제로 휴지 하나 보이지 않을 만큼 깨끗한 환경이었고, 봄가을이면 인근 초등학교에서 소풍을 올 만큼 아늑하고 경치 좋은 고성산 자락에 자리 잡은 우리 학교는 학생들 모두의 자랑거리였다. 하지만 졸업하는 날까지도 나는 교훈에 대한 의문은 풀지 못하였다.

그 후 50년 세월을 거치는 동안 나는 중요한 사실을 깨달을 수 있었다. 우리의 교훈은 '마음은 깨끗하게(진실), 몸은 부지런하게(성실)'였음을. 송설인 모두의 가슴에 지울 수 없는 교훈으로 새겨져 있으리라 믿는다. 지금까지 나는 내 정신의 본향인 송설학원에서 배운 '진실'과 '성실'을 삶의 좌우명으로 삼아 살아오고 있다.

두 음치의 노래

목소리가 좋다는 말을 가끔 듣는다. 약간 저음이면서 부드러운 음색 때문인 것 같다. 아버지는 젊은 시절 마을 사람들과 화전(봄 꽃놀이)을 가면 즉석에서 화전가를 지어 부르실 만큼 노래를 잘하셨다고 한다. 나보다 열 살 위인 형님은 우리 마을뿐 아니라 이웃 마을 콩쿠르에서도 대상을 받은 적이 있다. 당연히 나도 노래 소질은 타고난 줄 알았다.

대학 입학 후 고향에서 첫 여름방학을 보내고 있을 때였다. 어느 날 저녁 마을 뒤 산비탈에서 노래자랑 대회가 열렸는데 주위를 어슬렁거리다가 사회를 보던 8촌 형의 눈에 띄어 졸지에 마이크를 잡게 되었다. 가수 박일남의 노래 '갈대의 순정'을 불렀는데 처음부터 음정과 박자가 틀려 쩔쩔매다가 "땡!" 소리를 울리기도 전에 무대를 내려오고 말았다. "공부하느라 노래 배울 시간이 있어야지." 하시는 어머니의 목소리가 어둠 속에서 들려왔다.

마음속으로 부르면 물처럼 흐르던 노래가 성대를 통과하는 순간 얼음처럼 굳어버린다. 다른 사람 앞에서는 물론이고 뒷방에서 혼자 불러도 그렇고 콧노래마저 음의 높낮이를 맞출 수가 없다. 목소리는 좋은데 노래는 괴성을 지르다니 참으로 불가사의다. '아버지와 형님은 소문난 노래꾼인데 나는 왜 이럴까?' 아쉬운 생각이 들었으나 연습만 하면 나아질 줄 알았다. 그런데 어느 날 나의 노래 솜씨는 연습으로 해결될 문제가 아니라는 사실을 알게 되었다.

대학 졸업과 함께 기초의학인 해부학 조교로 발령이 났으나 생각지도 못한 연좌제에 걸려 보름 만에 논산훈련소행 입영열차를 타야 했다. 4주간의 기초 훈련 끝에 의사면허증이 있어 후반기교육 없이 바로 신검대 위생병으로 복무하게 되었다. 두 달쯤 지났을 때 나와 비슷한 시기에 입대하여 후반기 위생병 교육을 마친 동료 몇 명이 전입을 왔다. 그런데 그중에 유독 눈에 띄는 사람이 있었다. 고개는 옆으로 약간 기울었고 부동자세를 취하는 순간에도 그의 몸은 움직임을 멈추지 못했다. 뇌성마비를 앓은 후유증으로 보였다. 요즘 같으면 현역면제를 받을 텐데 당시는 대졸 학력이면 웬만한 결격사유가 있어도 징집 대상이었다.

그는 연세대학교 음대 작곡과 출신이었다. 입영장정이 있을 때는 신검업무를 하였으나 그렇지 않은 날은 종일 전투 훈련을 받았는데 옷이 흠뻑 젖도록 땀을 쏟으면서도 그는 늘 선착순 꼴찌였다. 일과가 끝나고 긴장감 넘치는 취침 점호를 마친 후에도 안심하기는 일렀다. 선임병(일명 '고참')의 "집합!" 소리가 떨어지면 방사선과 암실을 향해 바람처럼 달려가야 했다. '엎드려뻗쳐', '팔 굽혀 펴기', '쪼그려 뛰기', '좌우로 굴러' 등의 체벌은 체력의 한계를 느끼도록 했고, 더러는 '몽둥이찜질'로 이어지는 날도 있었다. 암실 바닥을 땀과 눈물로 흥건히 적시곤 했다. 운동과 담을 쌓고 6년을 보낸 내겐 더할 수 없는 고통이었으나 내 뒤에는 항상 그가 있었다.

내무반장의 지시로 그가 처음 노래를 부르던 날이었다. 군대는 다양한 재주를 가진 사람들이 모이는 곳이라 기성 가수처럼 노래를 잘하는 사람도 있었다. 하지만 노래에 있어서는 그를 따를 사람이 없을 것으로 모두가 믿고 있었다. 숨겨진 보물을 대하듯 다들 숨을 죽이고 귀를 기울였다. 그런데 그의 노래가 시작되는 순간 여기저기서 작은 탄식이 터져 나왔다. 마치 내가 노래를 부르는 것처럼 그가 불렀기 때문이다. 음대 출신이 음치라니 믿을 수가 없었다. 문득 나야말로 구제 불능의 절대 음치라는 생각이 들었다.

그는 언제나 선한 표정이었고 인내심 또한 대단하였다. 가혹한 시련 앞에서 소리 없이 흘리는 그의 눈물을 나는 수없이 보았으나 남을 원망하거나 자신을 비관하는 모습은 보지 못했다. 선임병이 된 후에도 그는 후임병들에게 큰소리 한번 내지 않았다. 그는 어린아이처럼 마음이 순수한 사람이었다.

74학번으로 6개월 교련 혜택으로 그가 먼저 전역하고, 72학번인 나는 3개월 혜택을 받아 33개월을 복무하고 1980년 12월 마지막 날 전역하였다. 며칠 후 그의 초청으로 소공동 롯데호텔 38층 라운지에서 만나 많은 얘기를 나눴다. 그는 작곡과 대학원에 진학할 예정이었고 나는 기초의학을 계속할 예정이었다. 그렇게 헤어진 뒤 해부학을 2년간 하다가 내과를 전공하여 부산에서 개원의로 보낸 지가 40년이 되었다.

얼마 전 문득 옛날 생각이 나서 인터넷을 검색하다가 그가 '2001년 한국뮤지컬 음악대상'을 수상하였다는 사실을 알게 되었다. '젊은 베르테르의 슬픔', '안악지애사', '카르멘' 등 뮤지컬 곡의 작곡자인 연세대학교 음대 정민선 교수가 바로 그 친구이다. 천재성을 인정받는 음악적 재능에도 불구하고 신체적 핸디캡으로 발성이 어려웠던 그의 처지를 이제야 알 것 같다.

지금은 대학에서 물러나 가족이 있는 미국으로 들어갔다고 한다. 두 음치가 다시 만나 군가라도 함께 불러보았으면 좋겠다.

마르지 않는 샘

우리 몸에는 무수히 많은 샘이 있다. 생존을 유지하거나 신체 각 부위가 제각기 맡은 역할을 할 수 있도록 필요한 물질을 분비하는 기관이다. 그런데 이들 샘은 저마다 분비가 왕성한 전성기를 보내다가 서서히 쇠퇴 과정을 밟는다. 예를 들면 노인의 피부는 땀이 부족하여 건조할 때가 많고, 어릴 때는 턱받이를 적실 만큼 쏟아지던 침도 나이가 들면 줄어들어 혀가 바싹 마르는 것을 볼 수 있다. 또 젊을 때는 위산과 소화액이 넘쳐서 쉽게 허기가 지던 사람도 노인이 되면 위액이 부족하여 소화불량을 겪게 된다. 그 외 생식샘을 비롯하여 각종 호르몬을 분비하는 샘들도 나이가 들면 그 기능이 떨어지는 것은 당연하다.

그런데 나이가 들어도 전혀 마르지 않는 샘이 하나 있다. 바로 눈물샘이다. 물론 나이 든 사람 중에 안구건조증으로 불편을 겪는 이들이 많지만, 그와 반대로 넘치도록 많은 눈물을 쏟아내는 사람도 있다. 내 어머니가 바로 그런 분이었다.

어머니는 원래 눈물과는 거리가 먼 분이었다. 내가 초등학교에 들어갈 무렵 당돌하게 대들어 눈물로 어머니의 얼굴을 적시게 한 적은 있으나 그 후 몇십 년 동안 나는 한 번도 어머니가 눈물 흘리시는 모습을 보지 못했다. 아무리 힘들고 어려운 일도 어머니는 눈물이 아니라 땀으로 풀어오신 분이었다. 그런데 환갑을 넘기시고 나서 언제부턴가 둥지 떠난 자식들 생각으로 허구한 날을 보내시느라 어머니의 눈물샘은 마를 날이 없었다. 어쩌면 초등학교를 마치고 입을 덜기 위해 집을 떠나야 했던 작은누나가 가장 아픈 손가락이었다면 중학교를 졸업하고 품을 떠나 자취생활을 하며 고등학교와 대학교를 나온 내가 다음이었으리라.

50년 세월을 바쁜 생활에 매여 잠시도 틈을 내기 어려워 특별한 날이 아니면 고향에 계신 부모님을 찾아뵐 수 없었다. 그 특별한 날이란 추석과 설 명절, 아버지 생신, 어버이날 전후, 그리고 3박 4일의 여름휴가 중 이틀로서 모두 합쳐도 일 년에 열흘이 되지 못했다. 그나마 어머니 생신은 설 엿새 전이라 건너뛸 수밖에 없었다. 내가 고향에 가는 날이면 시골집에 도착하여 차에서 내리기도 전에 어머니는 눈물을 쏟으면서 달려 나오셨다. 잠시 어머니를 안아드리고 함께 집 안으로 들어선 후에도 제법 시간이 흘러야만 울음을 그치셨다. 어머니의 얼굴에 웃음이 피어오르면 비로소 나는 고향 집의 안온한 분위기에 빠져들 수 있었다. 하룻밤 아니면 당일치기의 고향 길을 떠나올 때면 다시 눈물범벅이 되는 어머니의 얼굴을 뒤로한 채 차에 오르고는 했다.

바위처럼 꿋꿋하시던 분이 그처럼 눈물을 쏟으실 때면 나는 '오랜만에 보는 자식이 반가워서 그러시겠거니.' 여기는 게 고작이었다. 어머니에겐 가장 소중하고 행복한 시간이었을 텐데 내게는 가볍게 다녀오는 고향 나들이에 불과했었다. 떠나올 때 어머니 가슴을 파고들었을 아픔 또한 헤아리지를 못하였다. 아흔두 살로 아버지 먼저 떠나시고, 백세 살로 어머니 돌아가신 지 3년이 된 지금에야 지난날을 돌아보며 후회에 잠긴다. '어머니의 마음을 왜 그리도 몰랐던가? 다시 그때로 돌아갈 수 있다면….' 자식의 마음은 부모 마음 절반의 절반에도 미치지 못함을 나이 일흔이 되어서야 깨닫는다.

눈물을 진주라 하였던가? 눈물 속에는 진실과 사랑이 담겨있다. 자신을 위해 흘리는 눈물은 새벽이슬처럼 깨끗하고, 다른 사람을 위해 흘리는 눈물은 아침에 피는 꽃보다 아름답다.

　때로는 눈물 속에 거짓과 분노를 담는 수도 있다. 진실을 가리기 위해 거짓 눈물을 흘리는 이들이 있고, 분노의 눈물을 쏟아내어 사랑을 시들게 하는 사람도 있다. 눈물 속에 거짓과 분노가 스며들게 하지는 말아야 한다.

　이어령 교수가 생의 마지막 날들을 보내면서 남긴 말처럼 자신을 위해, 그리고 다른 사람을 위해 '눈물 한 방울'을 흘릴 수 있는 사람이 되었으면 좋겠다. 우리를 더 행복하게 하고, 세상을 더 따뜻하게 만드는 것은 얼굴에 짓는 미소보다 가슴 적시는 눈물일지도 모른다. 가슴에 마르지 않는 눈물샘 하나를 담고 살아가는 사람이 되고 싶다.

번데기와 향수

요즘도 길을 가다 보면 번데기를 파는 포장마차가 눈에 들어올 때가 가끔 있다. 그 순간 나는 60년을 거슬러 시간여행을 떠나고는 한다. 아주 오래전 그 시절로 돌아가 어릴 때의 기쁨이 되살아나기 때문이다. 그러다가 '저 많은 번데기가 그때 있었더라면 얼마나 좋았을까?' 하는 생각이 들면서 아쉬운 나의 시간여행은 끝나지만 가슴속 한구석엔 따스한 기운이 한참 동안 남는다.

지금은 모두 사라진 풍경이 되었지만 내 어릴 적엔 어느 집이나 누에를 쳐서 실을 뽑아 명주를 짜는 길쌈을 했었다. 연한 뽕잎이 나올 때쯤이면 농촌지도소에서 나눠주는 누에씨를 받아서 부화시켜 누에를 쳤다.

키위 씨앗 정도 되는 작은 알 속에서 자그마한 누에가 나와서 꼬물거리며 뽕잎을 먹는 모습은 정말 귀여웠다. 누에는 한쪽 모서리부터 시작하여 일정한 속도로 뽕잎을 갉아 먹는데 한 장을 다 먹을 때까지 다른 잎으로 옮겨가는 법이 없었다. 꼭지만 남기고 한 장을 깨끗이 먹어 치운 누에에겐 상이라도 주고 싶었다. 어쩌면 그토록 알뜰하게 잘 먹는지 기특한 생각이 들었기 때문이다. '사그락사그락' 제법 자란 누에가 뽕잎을 먹는 소리는 가랑비 오는 소리처럼 들렸다.

어른 누에가 되기 위해서는 넉 잠을 자야 하는데, 누에가 잠을 잘 때는 그렇게 잘 먹던 뽕잎도 마다하고 상체를 꼿꼿이 세운 채 머리를 치켜든 모습을 하였다. 잠이 깨면서 허물을 벗을 때마다 누에는 키가 부쩍 자라 있고는 했다. 마지막 잠인 넉잠을 자고 나서 배설물을 모두 비우고 말갛게 변한 어른 누에는 볏짚으로 된 섶을 타고 올라가 자리를 잡고 고개를 저으며 입에서 실을 내어 하얀 고치를 만들었다. 모든 누에가 같은 모양, 같은 크기의 집을 지어 자신을 감싸는 모습에 감탄하지 않을 수 없었다.

고치에서 명주실을 뽑을 때는 끓는 물 냄비에 고치를 넣고 물레를 돌려서 실을 뽑았다. 고치가 뱅글뱅글 돌면서 실이 거의 풀릴 때쯤이면 고치 속에 있던 번데기가 모습을 드러내는데 아이들에겐 더없이 좋은 먹거리였다. 그런데 동생이 둘이나 있는 나로서는 우리 집 번데기만으론 늘 아쉬움이 많았다. 다행히 우리 앞집엔 또래 아이가 없어 주인 없는 번데기나 마찬가지였다. 하지만 그게 전부 내 것이었으면 좋았을 텐데, 근처의 아이들 모두가 노리고 있었다. 앞집에서 명주실을 뽑는 날이면 아이들끼리 모여 서로를 견제하다가 한꺼번에 우르르 몰려가서 모아놓은 번데기를 나눠 가지곤 했다. 선착순에 따라 차지하는 몫이 달랐기 때문에 경쟁이 치열할 수밖에 없었다.

하루는 내가 제일 앞장서서 뛰어들었는데 마당 입구에 있던 작은 돌부리에 걸려 넘어지고 말았다. 그 바람에 바닥에다 이마를 부딪쳐 피가 흐르고 너무 아파서 울음을 터뜨렸다. 그때 명주실을 뽑고 있던 아주머니가 급히 달려오셔서 내 손을 잡아주시며 "오늘 번데기는 모두 병구 꺼다. 너희들은 가라." 하셨다. 그 말을 듣는 순간 거짓말처럼 아픔이 사라졌고, 온 세상을 얻은 듯 뿌듯한 느낌이 들었다. 아쉬운 표정으로 뒷걸음질 치는 친구들의 모습을 보면서 만세라도 부르고 싶었다. 그때의 광경이 지금도 눈에 선하다.

요즘 길거리에서 파는 번데기가 내게 향수를 자아내는 것은 분명하지만, 선뜻 먹고 싶은 마음은 들지 않는다. 첫째, 양이 너무 많다. 무엇이든 귀해야 맛이 나는데 넘치도록 풍족하여 먹기도 전에 배가 불러오는 느낌이다. 다음은 겉모습이 옛날 번데기보다 못하다. 옛날 번데기는 몸집이 탱탱하고 윤기가 자르르 흘렀는데, 요즘 번데기는 허리가 꼬부라지고 납작한 몸매가 맛을 돋우기에는 어딘가 부족하다. 마지막으로 맛이 예전과 다르다. 입에 넣고 씹어도 옛날 번데기처럼 고소한 맛을 느낄 수가 없다. 어릴 때 먹던 그 맛이 아니다. 워낙 맛있는 먹거리에 익숙해진 나의 혀 탓일 수도 있다.

그래도 길거리 번데기가 내 어릴 적 향수를 불러오는 데는 조금도 부족함이 없다. 나에게 통으로 번데기를 안겨주시던 아주머니가 그립다. 지금은 서울 어딘가에 살고 계신다던데 생전에 꼭 한번 뵈었으면 좋겠다.

소

내 어릴 적 시골에서는 어느 집이든 소는 조상 다음으로 소중한 존재였었다. 농사를 지으려면 반드시 소가 있어야만 했다. 소가 없으면 논갈이나 밭갈이를 할 때 친척이나 이웃집 소를 빌릴 수밖에 없었다. 그토록 소중한 소가 우리 집에는 없었다.

어느 날 우리 집에도 소가 생겼다. 이웃집 소가 낳은 송아지를 아버지가 몰고 오셨기 때문이다. 소위 '배내기'라 하여 갓 젖 뗀 송아지를 데려와 길러서 어미 소가 되어 새끼를 낳으면 어미 소는 주인에게 돌려보내고 새로 태어난 송아지를 갖는 관례가 있었다.

두어 해가 지나자 어린 송아지는 일소가 되어 농사일을 도왔고, 드디어 기다리던 송아지도 낳았다. 태어나 곧바로 뒤뚱거리며 일어난 송아지는 엄마 소의 젖을 빨았다. 송아지가 마음껏 뛰어놀 때쯤 어미 소는 원래 주인에게 보내고 송아지만 다시 키우게 되었다.

우리 집에도 진짜 우리 소가 생겼다는 게 너무 자랑스러웠다. 작은누나와 내가 소 당번이 되어 학교를 마친 후엔 날마다 들로 나가 꼴을 베어다 먹이곤 했다. 어린 송아지는 식구들의 관심 속에 무럭무럭 자랐다. 내가 초등학교 1~2학년 때쯤의 일이었다.

그런데 종일 장대비가 쏟아지던 어느 날이었다. 빗줄기가 조금 가늘어지는 것을 보고 어머니께서 빨리 들에 가서 소먹이 꼴을 한 망태 베어오라고 하셨다. 아직도 비는 부슬부슬 내리는데 꼴을 뜯으러 나가는 게 정말 싫었다. "이처럼 비가 오는데 제발 한 번만." 하고 말씀드렸더니 역정을 내시면서 "소는 굶기고 밥이 입에 들어오냐? 소를 굶기려거든 너도 밥 먹지 마라!" 하시는 말씀에 한마디 대꾸도 못 하고 꼴망태를 메고 빗속으로 나가야 했다.

그래도 소는 친구 같았고, 집에 소가 있다는 것만으로도 기분이 좋았다. 그렇다고 소가 항상 귀엽고 말을 잘 듣는 편은 아니었다. 잠시 한눈을 팔면 이웃집 무밭에 들어가 무를 뽑아 잎을 잘라 먹었고, 들길을 가다가 벼나 보리를 뜯어 먹으려고 덤빌 때도 많앉다. 놀라서 황급히 고삐를 당기면 나보다 덩치가 몇 배나 큰 소가 못 이기는 척 따라오고는 했다.

그토록 꿋꿋하고 듬직한 소에게도 힘든 날이 있었고, 가슴 아픈 날이 있었다.

더위 속에서 써레질로 온몸이 땀으로 흠뻑 젖기 일쑤였고, 자기 몸의 두 배가 넘는 볏섬이나 곡식을 져 나를 때도 있었다. 하루는 종일 고생한 소에게 풀과 볏짚 대신에 보리와 콩만 삶아서 먹인 적이 있었다. 가난한 형편에 식구들도 보리밥을 배불리 먹지 못하던 때였다.

이튿날 아침 집안에 난리가 났다. 소가 일어서지를 못하고 누워서 끙끙 앓으며 땀을 쏟고 있었기 때문이다. 재산목록 1호이자 가장 큰 일꾼이 그 지경이 되었으니 부모님 얼굴은 사색이 되셨다. 이웃에 계신 당숙께서 두 마을 건너에 있는 '소 침쟁이'라는 수의사를 급히 불러왔고, 자초지종을 듣더니 소의 입을 벌리고 손을 뱃속 깊숙이 넣어 퉁퉁 불어난 보리와 콩을 꺼냈다. 십여 차례를 그런 후에야 소는 몸을 일으켰고 아무 일도 없었다는 듯 주위를 어슬렁거렸다. 풀이나 볏짚, 겨를 먹은 후 되새김질을 하면서 소화를 시키는 소에게 되새김질이 안 되는 곡식만 잔뜩 먹여서 위가 터지기 직전이라 했다.

소가 새끼를 낳던 날은 집안의 경사 중의 경사였다. 어린 송아지가 어미 소에 매달려 젖을 빠는 모습은 말할 수 없이 귀여웠다. 송아지가 빨던 어미 소의 젖을 나도 한 번씩 만져보고는 했는데 부드럽고 따스한 느낌이 너무 좋았다. 여기저기 깡충거리며 뛰노는 어린 송아지는 장난꾸러기 같았다.

그처럼 귀엽던 송아지를 시골장에 팔아야 하는 날이 왔다. 제발 송아지를 팔지 말라고 아버지께 애원했지만 어림도 없는 일이었다. 영문도 모르고 어미 소와 송아지가 함께 길을 나섰다가 목줄 매인 송아지를 낯선 사람에게 넘기고 어미 소만 데리고 돌아설 때 송아지는 떨어지지 않으려고 발버둥 쳤고 어미 소는 뒤를 돌아보며 눈을 떼지 못하였다. 돌아오는 길에 어미 소는 애절하게 울었고 그 소릴 들으며 나도 울었다. 그날 밤새 어미 소의 울음소리가 하늘 끝으로 퍼져가고 있었다.

어릴 적에 소는 나의 가장 친한 친구였고, 나는 소와 함께 자랐다.

인연의 끈

대구에서 내과 의원을 하고 있던 강○○ 선생이 세상을 떠났다. 신입생인 그를 대학생 신앙모임에서 처음 만났을 때 내가 받았던 느낌이 그랬듯이 그를 아는 모든 이가 착하고 성실한 사람으로 기억하는 후배였다. 그런 그가 코로나 후유증으로 일찍 세상을 떠난 것이 너무나 안타깝고, 개인적인 이유로 내 마음에 실망도 크다. 그의 모친과 누나에게 지고 있는 나의 마음 빚을 생각하면 착잡한 심정을 금할 수 없다. 그의 누나는 내 친구의 아내였다.

내 친구와 나는 의예과 2학년부터 본과 4학년까지 실험 시간은 물론 임상 실습까지 함께한 단짝이었다. 그런데 다른 친구들과 달리 우리 둘 사이엔 알 수 없는 벽이 있었다. 입학 동기에다 나이도 같았으나 처음 만나던 날부터 마지막 보는 날까지 우리는 서로를 부를 때 이름 뒤에 '씨' 자를 붙였고 존칭을 사용했었다. 그것이 못난 자존심 때문임을 알았으나 이젠 그 벽을 허물 기회조차 사라지고 말았다.

본과 4학년 봄 어느 날, 평소 입이 무겁던 친구가 전혀 예상치도 못한 말을 꺼냈다. 갑자기 결혼하겠다기에 국가고시가 눈앞인데 미뤘으면 좋겠다고 했으나 그의 마음은 이미 굳어진 상태였다. 한두 번 선을 보는가 싶었는데 어느새 그의 손엔 청첩장이 들려 있었다. 한편, 예쁜 아내와 결혼하는 그의 처지가 부럽기도 했다.

무더운 날씨에도 불구하고 임상 실습과 의사국가고시 준비로 마음이 서늘해질 무렵이었다. 친구가 집에서는 공부가 되지 않는다며 나와 같이 지내며 시험 준비를 했으면 좋겠다고 했다. 당시 나는 대학 후배 두 사람과 자취생활을 하던 중이었다. 조금 의아스러웠으나 신혼이라 공부에 집중이 되지 않아 그러려니 싶었고, 내게도 도움이 될 것 같아 친구의 제안을 받아들였다. 반년 가까이 우리는 숙식을 함께하며 준비한 덕분에 무사히 국가고시를 치를 수 있었다.

시험이 끝났으니 당연히 그는 신혼집으로 돌아가야 했다. 그런데 자꾸만 미루는 눈치더니 후배들이 자리를 비운 어느 날 저녁, 누구에게도 말한 적이 없었다며 자신의 출생에 관한 비밀을 내게 털어놓았다. 그에겐 친부가 따로 있었는데 2년 전 세상을 떠났다고 했다. 마음의 상처를 입은 그는 의사로 살기보다는 세상을 바로잡는 일을 하고 싶어 진작부터 사법고시를 준비해 왔다고 했다. 사법고시 응시를 위해 빨리 군 복무를 마칠 요량으로 전공의 수련을 포기하는 문제로 부인과 다툰 후 시험을 핑계 삼아 집을 나왔다며 다시 화해할 수 있도록 내게 도움을 청하였다. 소설보다 기구한 그의 운명에 우리는 그날 밤을 눈물로 보냈다.

그 후 나는 몇 차례나 그의 처가를 찾았고 그때마다 그의 아내와 장모 되시는 분으로부터 환대를 받으며 친구의 마음을 전해 드렸다. 그가 지닌 출생의 비밀에 대해서는 차마 밝히지 못했으나 최대한 친구를 위해 도움이 되기를 바랐고, 그의 아내 역시 나의 도움에 기대를 걸고 빨리 화해할 수 있기를 원했다.

졸업과 함께 그가 국군 군의학교로 떠난 후에도 그의 아내와 몇 차례 만나 얘기를 나눴으나 두 사람을 위한 나의 역할도 막을 내려야 할 날이 왔다. 기초의학인 해부학 교실에 남았던 내게 연좌제라는 생소한 사유로 군의관이 아닌 사병으로 즉시 입대하라는 통지서가 나왔기 때문이다. 왜관에서 입영열차를 타던 날 그의 아내는 모친과 함께 나의 부모님까지 모시고 성대하게 송별연을 베풀어 주었고, 신병 훈련을 마치고 지구병원 위생병으로 배치받은 후 첫 면회를 오기도 했었다. 도우려고 시작한 만남인데 도리어 도움받는 신세가 되고 말았다.

공수부대 군의관으로 복무하던 친구가 입대 첫해인 1978년 11월 보령 광천지구에 침투한 3인조 무장 공비 토벌 작전에 투입되었다가 구급차가 추락하는 바람에 세상을 떠났다는 사실을 두 달이 지나서야 군의관인 대학 선배를 통해 알게 되었다. 그 후 남은 복무 기간 2년을 채우고 전역은 했으나 차마 친구의 아내를 찾을 수 없었고, 그렇게 흐른 세월이 46년이 되었다. 길고도 잔인한 세월을 보내고 있을 그녀 생각이 떠오를 때마다 내 마음은 무거웠다.

그녀의 모친은 수년 전 세상을 떠나셨고, 이젠 그녀와 이어진 한 가닥 끈마저 끊어져 버렸다. 언젠가 그녀를 다시 만나 서로 환하게 웃으면서 헤어지길 바랐는데…. 부디 그녀가 고통스러운 과거를 잊고 행복한 나날을 보내고 있기를! 행복이 그녀에게 폭풍처럼 쏟아졌기를 온 마음으로 빈다.

잊을 수 없는 추억

모든 지난 일들이 그립고 아름다운 추억으로 남아 있다. 세월과 함께 힘들었던 나의 과거가 모두 물에 씻겨 내려간 듯하다. 구멍 난 양말을 신고 추위에 떨며 보냈던 기억도, 담벼락에 기대어 부드러운 흙을 모아 입안에 털어 넣으며 허기진 배를 채우려 했던 순간도 따뜻한 추억으로 다가온다. 꼴망태를 메고 쏟아지는 빗속으로 나서던 서글펐던 기억도 따뜻한 추억이 되어 가슴을 적신다.

어느 겨울날 오른팔을 쓰지 못하는 초등학교 친구와 싸움을 벌이다가 그의 왼손 펀치에 맞아 코피를 쏟으며 패배를 인정했던 일도 그리운 추억이 되었다. 콧대가 휘어 평생 불편을 느끼지만 그래도 쟁기질로 울퉁불퉁해진 논에서 뒤엉켜 엎치락뒤치락하던 그때를 생각하면 웃음이 나온다.

대한민국 의사 중에 유일하게 의사면허증 들고 위생병으로 보낸 33개월의 군 생활도 가슴 짠한 추억으로 다가온다. 늦깎이 전공의가 되어 5년 어린 후배들의 번뜩이는 실력 앞에 주눅이 들어 대학병원 뒷방에 홀로 남아 밤샘하며 보낸 세월도 젊은 날의 아련한 추억으로 떠오른다. 대장 수술 후에 회복될 줄 알았더니 곧이어 간염이 겹쳐 여섯 달 동안 죽음의 문턱을 넘나들며 보낸 시간도 살아있음의 고마움을 깨닫게 한 소중한 추억이다.

힘들었던 일도, 괴로웠던 일도, 몹시 아팠던 일도 모두 좋은 추억이 될 수 있다. 시간은 과거를 아름답게 변화시키는 요술 지팡이기 때문이다. 다시 일어설 수만 있다면 어떤 과거라도 소중한 추억으로 바꿀 수 있다.

추억에는 좋은 추억과 나쁜 추억, 그리고 가슴 아픈 추억이 있다. 이 중에 정말 소중히 여겨야 할 추억은 가슴 아픈 추억이다. 헤어짐과 관련이 있고, 누군가에게 잘해주지 못한 일들이 담겨 있는 추억이다. 지난날의 아픈 추억 대신 남은 날들을 새롭고 따뜻한 추억으로 채워갈 수 있게 한다. 다른 누군가에게 기쁨을 얻게 할 기회를 만들어주는 추억이다. 공감 능력을 기르도록 도와주는 추억이 가슴 아픈 추억이다. 좋은 추억이 잔잔하게 스쳐 지나가는 산들바람 같다면, 칼날처럼 날카롭게 가슴을 치고 지나가는 가슴 아픈 추억은 보석 같은 추억이고 나를 자라게 하는 추억이다.

때로는 부끄러운 추억도 있다. 미숙함으로 수치가 담겨있는 추억이다. 하지만 부끄러운 추억을 되돌아보면서 나 자신이 좀 더 자랄 수 있었던 것은 사실이다. 과거에 머물지 않고 한 걸음 더 앞으로 나아가게 된 것은 부끄러운 추억들 덕분이다. 그때의 장면이 떠오를 때마다 생각의 폭이 한 뼘씩 더 자라고는 했었다.

다만 내게 나쁜 추억이 없었던 게 얼마나 다행인지 모른다. 나쁜 추억이란 죄를 지었거나 마음에 상처를 입힌 잔인한 추억이다. 오래오래 나쁜 기억으로 남아 자신을 괴롭히는 일이 될 수 있다. 멀어져야 할 추억, 겪지 말아야 할 추억이다. 상실의 고통이 담긴 추억 역시 피하고 싶은 추억이지만 나쁜 추억보다는 낫다. 나쁜 추억을 가졌다면 마음이 따뜻한 이들과 함께 풀어가는 게 좋다.

지난날 어려웠던 모든 것들이 소중한 추억이 되어 오늘을 살아가는 큰 힘이 되게 한다. 즐거웠던 날보다는 힘들고 어려웠던 날들이 많았지만, 그 모든 추억이 한결같이 아름다운 추억으로 내 마음을 감싸고 있다. 그들이 아니었다면 내 인생이 얼마나 황량하고 허망한 삶이 되었을까? 그 추억들이 있기에 지금 나는 따뜻하고 아름다운 과거를 품속에 안고 행복을 맛볼 수 있다.

 이제 마지막 남은 세월은 다른 이들에게 소중한 추억을 심어 주는 일에 내 삶을 바쳤으면 좋겠다. 나의 추억 만들기가 끝나는 날 어느 지난 세계로 돌아가 추억 실린 나의 숨결을 그곳 바람에 날리고 싶다. 추억 속의 인물들과 다시 한번 인연을 맺으며 영원을 보내고 싶다.

3부
내가 잘할 수 있는 것

내가 잘할 수 있는 것

도대체 내가 잘할 줄 아는 게 뭐가 있지? 아무리 생각해도 내게는 특별히 내세울 만한 재능이란 게 없다. 젊은 날엔 오로지 앞만 보고 달렸고, 나이가 들면서 생활은 안정되었으나 취미생활을 하기에는 시간적 여유가 없었다. 철없이 의과대학에 들어와 몸에 맞지 않는 옷을 입은 것 같아 갈등 속에서 보낸 적도 있으나 막상 의사가 되어 환자를 보면서 의사는 내게 천직임을 알았다. 좀 더 일찍 깨달았더라면 좋았을 텐데 참으로 미련퉁이였다.

어릴 적엔 마을에 몇 집을 제외하면 모두가 가난한 집뿐이었다. 그중에 우리 집은 식구는 여덟인데 논 네 마지기와 밭 두 마지기 외는 남의 땅을 부치는 소작농에다 워낙 알뜰한 부모님이라 더욱 궁핍하게 보낼 수밖에 없었다. 늘 덧대어 꿰맨 너덜너덜

한 옷과 양말을 걸쳤고, 장갑 없이 겨울을 보내느라 동상에 걸려 벌겋게 달아오른 손은 진물이 나고 몹시 가려웠다. 퉁퉁 부은 손을 따뜻하게 데운 동치미 국물에 담그면 부기가 빠져 쭈글쭈글해지면서 가려움증도 깨끗이 사라지고는 했다.

  농사일이 싫어서 고향 떠날 생각만 하는 나를 보시는 어머니의 마음이 어땠을지 그때는 몰랐었다. 두어 번 정면으로 뜻을 거스르긴 했어도 속마음을 들키지는 않은 줄 알았는데 돌아가시기 얼마 전에야 어머니께서 "그때 네가 잘 생각했다. 네 생각이 옳았다." 하시는 말씀을 듣고 비로소 '나 때문에 어머니께서 마음고생을 많이 하셨구나!' 하는 생각이 들었다. 중학교를 졸업하고 객지 생활을 시작한 게 엊그제 같은데 어느새 반세기가 훌쩍 지났다. 그래도 지금은 가슴이 아릴 만큼 그 시절, 부모님 곁이 그립다.

  틈만 나면 농사일을 거들고 소먹이 꼴을 뜯어야 할 처지인데 일은 싫어하고 딴생각만 하는 내게도 뭔가 남다른 모습이 있었던 모양이다. 지나가는 말처럼 어른들이 '저놈은 애살이 있다.' 하시는 소리를 가끔 듣고는 했다. 국어사전에도 나오지 않는 '애살'이란 말은 '아주 끈질긴 성품'을 가리키는 시골말이었다. 앤젤라 더크워스가 얘기하는 '그릿grit'과 같은 의미로 볼 수 있다. 허약한 몸으로 늘 병치레에 시달렸지만 한번 마음먹은 일은 끝장을 보는 태도가 어른들 눈에 띄었던 것 같다. 그러한 근성은 지금까지도 이어지고 있다.

주어진 날들이 얼마나 될지는 알 수 없으나 몸과 마음이 허락하는 한 가던 길을 계속 가면서 깔끔한 끝맺음을 하고 싶다. 열심히 환자를 보고, 환갑을 맞으면서 시작한 운동도 꾸준히 계속하고 있다. 하루하루가 소중하고, 단 30분의 시간도 낭비할 마음은 없다. 지치지 않느냐고 묻는 말을 가끔 듣지만 '번아웃burnout'을 겪은 적은 없다. 일부러 쉬어야 할 필요를 느끼지 못한다. '워커홀릭workaholic;일중독'이 아니냐는 소리를 들을 때도 있지만 그렇지도 않다. 내 삶이 누군가에게 도움이 되고, 나 또한 그 일로 즐길 수 있으니 무얼 더 바랄 건가? 일이 쉼이고, 쉼이 곧 일이다.

지나온 날들을 돌아보면 아쉬운 일도 많지만 뒤늦게 후회한다고 나아질 것은 없다. 내게 행운이라면 연약하고 못난 존재였음에도 바른길로 들어설 수 있었다는 사실이다. 다소 힘은 들었으나 크게 상처받지 않고 여기까지 온 것은 하늘의 은총이다. 앞으로의 날들 역시 후회 없이 살아갈 수 있다면 더 바랄 것이 없다. '진리는 평범한 곳에 있다.' 평범한 삶을 살아가는 사람으로서 믿고 싶은 말이다.

인문학 서적들을 가까이하다 보니 생각지도 않던 글쟁이가 되었다. 내게 새로운 길이 하나 열린 셈이다. 틈틈이 책을 읽고, 날마다 아침 일기를 쓰면서 어떻게 하루를 열어갈 것인지 생각해 본다. 좀 더 시간을 내어 지나온 삶 속에서 내가 깨달은 것들과 한 사람의 직업인으로서 의사의 삶에 대해 글을 적어 보고 싶다. 어쩌면 내가 가장 잘할 수 있는 일이 되길 바란다.

굽은 인생길

굽이굽이 돌고 돌아서 마지막 남은 길을 가고 있다. 곧은 길을 걷지 못하고 갈팡질팡 비틀대며 걸어온 게 나의 인생길이었다. 내가 선택한 길 위에 있기도 했었고, 내가 원하지 않는 길 위를 걷기도 했었다. 갈림길을 만나면 어느 길이 더 나은지도 모르고 들어설 때도 있었다. 무리에서 벗어나 남들이 가지 않는 길을 선택할 때도 있었고, 남들이 이해할 수 없는 길로 들어서기도 했었다. 잘못 들어섰다는 생각에 발길을 돌리려 했을 때는 이미 너무 멀리 지나온 길이 되어 되돌아서지 못할 때도 있었다. 평탄한 길에서 멀어지는 내 모습이 남들 눈에는 가련하게 보이기도 했을 터였다. 언제나 굽은 길만 걸어야 했다는 생각 속에서 살아온 나의 지난날이었다.

막바지 길로 들어서면서 지나온 길을 되돌아보니 내가 착각 속에 살아왔다는 사실을 알게 된다. 지나온 모든 길이 곧고 평탄한 길이었음을 이제야 깨닫는다. 돌고 돌아서 먼 길이라 여겼던 그 길도 지름길이었고, 굴곡 많고 험한 가시밭길이라 여겼던 그 길마저 잘 다듬어진 반듯한 길이었다. 꽃길은 아니었을지라도 축복의 길 위에 내가 있었다는 사실에 새삼 놀라게 된다.

지나온 인생길 굽이마다 나를 먹여 살게 하는 양식들이 있었다. 먹을 때는 쓴맛이었으나 그것들이 나를 자라게 하였고, 그 양식들 덕분에 나는 단단해졌으며, 웬만한 세상의 파도에도 휩쓸리지 않는 힘을 기를 수 있었다. 배고픈 짐승이 열매를 따 먹듯 허기진 배를 채우기 위해 먹은 쓰디쓴 열매들은 나의 부족함을 채워주는 생명의 양식이었다. 까탈스럽고 모난 성격이었던 내가 둥글게 변했으며, 메마른 감성은 물기를 머금어 한결 부드러워졌고, 외눈박이처럼 보아오던 세상을 입체적으로 바라볼 수 있게 되었다. 영악하지도 않고 날쌔지도 못하던 내가 끈기 하나로 세상을 살아오면서 오늘 같은 날을 맞게 된 것은 모두 다 내가 먹고 자란 양식들 덕분이었다.

세차게 불어오는 세상의 바람을 맨몸으로 맞서기엔 버거웠다. 외진 시골에서 태어나 농사일이 싫어 홀로 고향을 등졌고, 곧

궁한 가운데 초라한 모습으로 살아온 날들이었다. 한때 마음의 공허함을 달래기 위해 신앙의 길에서 위로를 찾으며 수년을 보내기도 했었다. 곧고 평탄한 길이 열리는가 싶었으나 생각지도 못했던 시련에 빠지기도 했었다. 연좌제에 얽혀 이등병 의사가 되어 땀과 눈물로 보낸 날들이 있었고, 물조차 넘기지 못하고 고통 속에서 죽음의 그림자를 느끼며 삶을 정리하려던 날도 있었다. 그러나 쉽게 무너지지 않는 질긴 목숨이었고, 세상은 견딜 수 없을 만큼 삭막하지도 않았다. 언제부턴가 보이지 않는 손길들이 나를 도왔고, 그로 인해 가시밭길 같던 나의 인생길은 평탄한 길로 들어서게 되었다.

젊은 날에 흘린 땀방울이 지금은 소중한 디딤돌이 되어 나를 받쳐주고 있다. 비틀거리며 보낸 날들 같았으나 지금 와서 돌아보니 모두가 연단의 시절이었다. 지금도 헛발을 딛지 않으려고 조심스레 걸음을 내딛지만, 때로는 마음 아픈 일이 생기고 몸이 부치는 날도 있다. 그러나 곧고 평탄한 길만 눈앞에 열린다면 어찌 지루한 인생이라 하지 않겠는가?

인생에 정답은 없다. 정답을 알고 가는 인생도 없다. 주어진 길을 부지런히 걷다 보면 답이 나온다. 쉽지 않은 세상살이 포기하지 말고 열심히 살다 보면 바른 답을 알 수 있다. 잔꾀를 부리지 말고, 힘이 들어도 죄를 짓지 말고, 스스로 양심을 거스르지 말아야 한다. 이왕 들어선 길, 끝이 보일 때까지 열심히 걷다 보면 그 길이 바른길임을 깨닫게 된다. 자신에게 주어진 길을 마음으로 받아들이고, 최선을 다해 살아간다면 그것이 바른 삶이다. 때로는 고통이 따르고 힘이 들어도 만족과 기쁨이 있고, 후회 없는 삶이 될 수 있다. 지나온 삶이 그러하듯 남은 날들 또한 그러하리라.

'모든 것이 합력하여 선을 이루느니라.'

사도 바울이 쓴 성경 로마서 마지막 문장의 의미를 알 것 같다.

깨끗하게 부지런하게

인생을 살아가는 데 꼭 필요한 삶의 태도 두 가지가 있다. 진실과 성실이다.

거짓을 대단한 무기로 생각하는 사람들이 많다. 거짓으로 자신을 가리거나 상대방을 속이려고 하는 사람들이다. 그러나 거짓은 바람에 날리는 망사와 같다. 우선 눈가림은 될지라도 감춰진 모습을 아주 가릴 수는 없다. 어떤 거짓도 진실을 이기지는 못한다. 진실은 자신을 지키는 최선의 도구이다. 진실은 구름 위에 비치는 햇살과 같다. 잠시 가려질 수는 있지만, 영원히 가릴 수는 없다. 진실을 추구하고, 진실이 뿌리내린 세상은 어떤 위기 앞에서도 무너지지 않는다. 자기 자신과 세상을 지키는 가장 강력한 힘은 진실이다.

인간관계 역시 진실에서 출발해야 한다. 진실하지 않으면 신뢰가 싹틀 수 없다. 진실하지 않은 지도자를 신뢰하고 따를 수는 없다. 국가도, 사회도, 가정도 진실 없이는 바른길을 갈 수 없다. 허약한 국가, 무너지는 회사, 허물어지는 가정이 된다. 그런데 이처럼 소중한 진실이 가려질 때가 있다. 권력이 진실을 외면하거나, 언론이 진실을 왜곡하는 경우이다. 이럴 때 세상은 암흑 속으로 빠져들게 된다. 진실의 잣대라는 법조차도 진실을 덮어버리는 수가 있다. 진실에 대해 눈을 감는 자들이 있기 때문이다. 언젠가 밝혀질 진실이지만 어둠의 소용돌이에 휘말려 보내야 할 세월이 만만치 않다.

성실은 진실의 기초 위에 세우는 견고한 성과 같다. 쉽게 무너지지 않는 탑을 세우려면 성실해야 한다. 남들 모르게 땀을 흘리고, 사소한 허물을 메우기 위해 한 번 더 수고하는 게 성실이다. 어떤 장애물도 성실한 사람의 노력을 가로막을 수는 없다. 성실한 사람은 느릴지언정 포기하는 법이 없다. 아무리 세상이 속도를 요구할지라도 성실에 흠집을 내지는 말아야 한다. 성실은 언젠가 그 빛을 드러낼 때가 온다. 성실은 세상살이를 위한 최상의 도구이다.

그러나 요령을 요술 방망이처럼 휘두르는 이들이 있다. 적당히 눈가림만 하고 넘어가려는 사람들이다. 이미 시작부터 그들은 진실의 터전 위에 자신들의 삶을 세우려 하지 않는다. 성실을 외면하고 요령으로 살아가는 사람은 신뢰를 잃는다. 겉모습은 그럴듯해 보일지라도 속은 허점투성이다. 한순간에 허물어질 일이다. 쉬우면 답이 아니다. 어느 운동선수의 말처럼 노력은 배신하지 않는다. 남모르게 흘린 땀은 언젠가 그 가치를 드러낼 때가 온다.

그런데 진실과 성실이 우리 삶의 핵심 구조물이라면 이 건조한 구조물을 부드럽고 아름답게 꾸미는 요소가 있다. 우리의 삶이 완벽한 아름다움을 갖추려면 또 하나의 요소가 더해져야 한다. 진실의 바탕 위에 세워진 성실의 탑에 꽃을 피우고 열매를 맺게 하는 일이다. 아름다움이 빛을 발한다. 자신을 아름답게 꾸미고 세상을 아름답게 가꾸는 것은 사랑이다.

사랑이 없는 세상은 냉기로 가득 차게 된다. 사랑이 없으면 모든 것이 헛되다는 성경의 말처럼 사랑은 최고의 가치를 지닌다. 사랑은 모든 것 위에 존재한다. 사랑은 부족함을 메워주고, 허물을 가려주고, 아픔을 덜어준다. 굳게 닫힌 사람의 마음을 여는 것이 사랑이다. 마음 씀씀이 하나, 짧은 말 한마디가 대단한 이유는 사람의 마음을 움직일 수 있기 때문이다. 얼음처럼 차가운 마음을 녹일 수 있고, 죽을 것처럼 아프던 가슴도 치유될 수 있다. 땀 흘리지 않고도 사람의 목숨을 구할 수 있는 게 사랑이다. 궁극적으로 추구해야 할 목표는 사랑이다.

내가 다닌 고등학교는 일제 강점기에 민족정신을 일깨우고 나라를 바로 세우기 위해 인재를 양성하겠다는 한 여인의 뜻으로 세워진 학교였다. 재학 시에 나는 모든 것에 흡족하였으나 한 가지 아쉬움이 있었다. 교훈이 '깨끗하게 부지런하게'였기 때문이다. 어떻게 남학교의 교훈을 '청소를 깨끗이 하고, 공부를 열심히 하자.'는 의미로 정했단 말인가? 그러나 졸업하고 세상을 살아오면서 비로소 교훈의 참뜻을 알게 되었다. '마음은 깨끗하게, 몸은 부지런하게' 바로 '진실'과 '성실'의 의미였고, 지금까지 이 말을 나의 좌우명으로 여기며 살아왔다. 내가 의사이기에 더욱 그럴 수밖에 없었다. 그리고 여기에 하나 더 보태야 할 요소가 있다면 사랑이었다. 의사로 살아가기 위해서는 반드시 진실眞實과 성실誠實, 그리고 따뜻함[溫實]을 요구했기 때문이다.

이제 나의 삶도 막바지로 접어들었다. 마지막 순간까지 깨끗하게 부지런하게, 그리고 따뜻하게 살아갈 수 있기를 희망한다.

꽃과 바람과 물

이따금 메마른 빌딩의 숲을 떠나 푸른 자연의 품으로 돌아가고 싶을 때가 있다. 어릴 적엔 바라보기만 해도 가슴이 답답해지던 산과 들이었는데 이젠 그들이 나를 쉬게 하고 기운을 북돋우는 존재가 되었다.

사방이 병풍처럼 산으로 둘러싸인 시골에서 어린 날을 보냈다. 물길 따라 펼쳐진 들판을 향해 뻗어 내린 산줄기 사이사이로 몇 개의 마을을 이룬 곳이 내가 아는 세상 전부였었다. 들일을 하다가 고개를 들면 바람 따라 유유히 산을 넘는 흰 구름이 눈에 들어왔다. 그때마다 '나도 언젠가는 구름처럼 저 산을 넘을 거야!'라고 중얼거리며 마음을 달랬다. TV는 물론 라디오도 없던 시절에 도회에서 온 먼 친척의 얘기를 들으면서 바깥세상을 머릿속에 그려보기도 했다. 언제나 산 너머를 그리는 게 그 시절 나의 꿈이었다.

　고등학교 진학과 더불어 한 번도 본 적이 없던 도시를 만났다. 대학에 들어가고 사회생활을 하면서 조금씩 더 넓은 세상을 만나게 되었다. 그러나 새로운 세상은 내가 감당하기엔 너무 벅찬 곳이었다. 한동안 이질감을 느끼며 주변을 맴돌아야 했다. 젊음이란 무기를 지녔음에도 낭만을 꿈꾸기에는 삶이 여유롭지 못했다. 그러나 자갈밭처럼 메마른 땅인 줄 알았는데 봄비처럼 싹을 돋게 하는 기운이 있었고, 그 기운을 따라 살다 보니 어느새 나는 도회인이 되어 있었다.

　마을 뒤 산길을 지나 작은 시내를 건너고 들판을 가로질러 중학교에 다닐 때였다. 어느 날 아침 등굣길에 연보랏빛 꽃을 피운 들국화 한 포기가 뿌리가 뽑힌 채 뒹구는 것을 보고 얼른 주워서 길가에 심어 주었다. 그런 나를 보고 친구들은 놀려댔으나 내 마음은 뿌듯했었다. 가을이 되면 산과 들에 지천으로 피는 꽃이지만 언제 보아도 반갑고 정겨운 꽃이 들국화이다. 화려하지는 않아도 산뜻한 보랏빛 들국화는 오래전부터 내 마음을 사로잡은 나의 첫사랑 같은 꽃이라 할 수 있다.

　뜨거운 여름날, 가쁜 숨을 몰아쉬며 산길을 걷다 보면 온몸이 땀으로 흠뻑 젖고는 했다. 고갯마루에 오르면 시원한 솔바람이 불어와 순식간에 땀방울을 말려주었고, 그윽한 솔향을 가슴 깊이 들이마시면 무겁던 발걸음엔 금방 새로운 힘이 실렸다. '쏴-' 하는 솔바람 소리는 수천, 수만의 오선지가 끝없이 펼쳐지는 느낌이었다. 못난이 소나무가 숲을 이룬 고향마을 뒷산에서 불어오던 바람 소리가 지금도 귓가에 들리고, 향긋한 솔 내음이 코끝을 맴도는 것 같다.

어릴 적엔 새끼 노루처럼 골짜기를 뛰어다녔다. 소먹이 꼴을 베고 땔감을 구하기 위해 구석구석을 헤매고 다녀야 했다. 이젠 여유로운 마음으로 산길을 걸으며 푸른 숲과 계곡을 돌아볼 수 있어서 좋다. 계곡을 따라 흐르는 맑은 물길은 언제라도 반갑다. 잠시 걸음을 멈추고 손을 물에 담그면 갈증에 허덕이던 내 마음이 풀어지고, 몸까지 맑아지는 느낌이다. 생명의 물길이 있기에 숲은 푸르름을 잃지 않는다. 내 안에도 그 같은 물길이 있어 시들지 않고 늘 푸른 삶을 보내고 싶다.

동이 트면 풀잎에 맺힌 이슬이 아침햇살에 수정처럼 빛나고, 해 질 녘이면 저녁노을이 서쪽 하늘을 붉게 물들이는 산마을이 그립다. 언제부턴가 솔숲 우거지고 사철 맑은 물이 흐르는 계곡 가까이에 집을 짓고 살아가고 싶은 꿈을 꾸었었다. 들국화 피는 언덕 위에서 물소리, 바람 소리 들으면서 남은 날을 보내고 싶었다. 진작 바라던 일이었으나 삶의 굴레에 매여 오늘에 이르렀다. 모든 걸 던져두고 훌쩍 떠나고 싶어도 아직은 세상에 빚진 마음을 다 갚지 못해 그럴 수가 없다. 어쩌면 두고두고 이 자리를 지키다가 고향 언덕에 재로 뿌려지는 게 나의 운명인지도 모른다.

  그것이 숙명이라면 남은 날 동안 나의 꿈을 이루기 위해 어떤 길을 가야 할지 생각해 본다. 나 자신이 산뜻한 들국화가 되고, 시원한 솔바람이 되고, 맑은 물길이 되어 세상을 살아갈 수 있다면 그보다 좋을 수는 없다. 꿈과 내가 하나 되는 일인데 무얼 더 바랄 건가!

나는 소설을 읽지 않는다

나는 소설을 읽지 않는다. 아니, 소설은 읽을 수가 없다. 책을 읽다 보면 어느새 책 속으로 마음이 빠져들어 숨소리가 가빠지고 팽팽한 긴장감에 사로잡힌다. 숨을 고르기 위해 잠시 책을 덮어도 생각은 소설을 벗어날 수가 없다. 마지막 페이지를 넘기면 비로소 해방감을 느끼지만 그래도 한동안은 소설 속에서 살아야 한다. 그래서 언제부턴가 소설을 읽지 않기로 했다. 스스로 통제가 안 되니 어쩔 수 없는 선택이었다. 해마다 노벨문학상으로 세상이 떠들썩해도 『고도를 기다리며』 이후 소설책을 손에 잡은 적이 없다. 소설책을 멀리한 지가 50년은 된 것 같다.

내가 책과 가까워진 계기는 시골 초등학교 4학년 때 어디선가 보내온 120권의 학급문고 때문이었다. '세계위인전집' 60권과

'세계명작전집' 60권이었다. 하루도 쉬지 않고 책을 읽으면서 보냈다. 그 후부터 친구들에게 책 빌려보는 게 나의 가장 큰 즐거움이 되었다. 그때 읽은 책은 대부분이 탐정소설이었다. 무슨 일이든 탐정처럼 풀려고 했고, 명탐정이 되는 게 내 꿈이었다.

중학교에 들어간 후 '한국야담사화전집'을 비롯해 역사소설을 많이 읽었고, '아라비안나이트' 전집도 모두 그때 읽었다. 순정 연애소설을 남몰래 읽으면서 가슴을 두근거리기도 했다.

고등학교 1~2학년 때는 중국무협소설에 혼을 빼앗겨 헌책 서점에서 빌려다가 읽으면서 마치 내가 주인공이라도 된 양 정의감에 사로잡혔고, 산길을 달리면서 경공술을 익히려는 시도까지 했었다. 공부에 방해가 될 만큼 흥미 위주였지만, 정의감을 기르는 데는 무협 소설을 능가할 책이 없다고 생각했다.

대학 입학 초기에는 할부로 사상 전집을 구매하여 읽다가 나중에는 가리지 않고 손에 잡히는 대로 책을 읽었다. 세상의 밝은 면과 어두운 면을 모두 이해하기 위해서는 어떤 책을 읽어도 좋다는 지론을 펼치고는 했다. 대학 2학년 중반부터 기독교 신앙 모임에 참여하면서 성경에 푹 빠져서 몇 해를 보냈다. 내 인생을 좀 더 깊이 돌아볼 수 있었던 시기였다.

그 후 바쁘게 살다 보니 제한된 시간에 마음껏 책을 읽을 수는 없었고, 인생을 알아가는 데 도움이 될 만한 책을 골라 틈을 내어 읽고는 했다. 당연히 혼을 빼앗길 소설책은 의도적으로 피하였다. 많이 읽어도 건질 게 적다는 건방진 생각 때문이기도 했다. 시는 감상적이면서도 난해한 편이라 멀어질 수밖에 없었다. 마음이 내키지 않아 투자나 처세술 관련 책도 아예 잡지를 않았고, 기술 서적이나 IT 관련 책은 가까이할 기회가 없었다. 인문학 서적과 건강 관련 서적이 대부분이라 나의 독서 형태는 조금 딱딱한 편에 속한다.

  책을 잡으면 가장 궁금해지는 것은 글쓴이가 말하려는 핵심이 무엇인가 하는 점이다. 글을 쓸 때는 누구나 그 순간 자신이 품고 있는 가장 소중한 한마디, 자신의 혼을 글 속에 쏟아부으려 한다는 사실을 알기 때문이다. 글을 완성한 후에도 다듬고 또 다듬어서 완벽한 글이 되기를 원하는 게 글 쓰는 이의 마음이다. 그래서 책 속엔 글쓴이의 전심이 담겨 있다고 믿는다. 말보다는 글에 마음이 더 끌리는 이유이다.

  침대 위 베개 옆에는 항상 철학이나 심리학 등 인문학 서적, 뇌와 신경 계통 및 신체 대사나 건강 관련 책들이 5~6권 놓여 있다. 그중에 마음 가는 대로 한두 권을 택해 읽으면서 중요한 구절에는 밑줄을 긋고 별표도 그린다. 읽은 책을 처음부터 다시 보기는 어려워도 나중에 펼칠 때는 표시된 부분만 훑어도 요점을 파악할 수 있어서 좋다. 이렇게 소단원 몇 개를 읽다가 잠이 드는 게 삼십 년 가까이 이어져 온 나의 독서 습관이다.

  책이 여기저기 뒹굴거나 쌓여있는 것을 보고 아내는 읽은 책은 재활용으로 내든지 몽땅 버리라고 하지만 그럴 수는 없다. 내 마음에 위로가 되었었고 언제 다시 펼쳐보게 될지 알 수 없는 책들이라 애착이 가기 때문에다. 내 인생이 끝나갈 무렵 필요로 하는 곳이 있다면 어디든 보낼 생각이다.

내가 글을 쓰는 이유

'왜 글을 쓰는가?' 자신을 향해 스스로 던져보는 질문이다.

애초에 나는 예술적인 재능과는 거리가 먼 사람이었다. 음정과 박자를 맞추지 못하니 남들 앞에서 노래 한 곡 부르는 것도 부담스럽다. 다른 사람과 함께 부를 때에도 나로 인해 화음이 깨어지기 일쑤다. 그림은 학교 미술 시간에 그려본 것이 전부인데 그마저도 잘 그렸다는 칭찬 한번 들어 본 적이 없다. 취미로 작은 악기를 다루거나 그림이라도 배워보고 싶었는데 젊을 때는 여건이 허락되지 않았고, 나이가 들어서는 일에 매여서 눈 돌릴 여유가 없었다. 삶이 삭막해지는 느낌이 들었다. 선천적으로 부족한 재능을 후천적으로도 가꾸지 못한 것이 못내 아쉬웠다.

그런 내가 글을 쓰게 되었다. 덤으로 수필가라는 이름을 얻었고, 책을 내면서 작가라고 불리는 일도 생겼다. 틈틈이 읽은 책 속의 글들이 잠자고 있던 나의 본능을 일깨운 덕분이다. 수리와 물리를 좋아했었고 합리적이고 이성적인 사고를 추구하면서 냉철한 태도로 살아오던 내게 감성적인 부분이 더해진 것이다. 이성과 감성, 모두를 지닌 존재가 인간이라면 나 역시 예외는 아닌가 보다. 하지만 내가 글을 쓴다는 게 스스로 생각해도 신기한 일이다.

문학은 예술의 큰 분야 중의 하나에 속한다. 이제 나는 예술의 골짜기에 들어서서 내가 왜 글을 쓰는지 그 답을 찾아보았다. 그리고 글쓰기는 나 자신을 위해 매우 중요한 일이라는 사실을 알게 되었다.

소중한 것을 캐내기 위해서 글을 쓴다. 돌이켜 보면 내가 살아온 날들 속에는 소중한 보물들이 많았다. 환희의 순간이든, 땀과 눈물의 순간이든 소중하지 않은 것들이 없다. 심지어는 부끄러웠던 순간조차도 그것이 나를 바른길로 이끌었고 나를 강하게 하였음을 알 수 있다. 그리고 나의 과거 속에는 수많은 아름다움이 있다. 초라하고 못난 모습인 줄 알았는데 돌아보니 그것은 꽃처럼 피어나던 나의 청춘이었다. 과거 속에는 나의 참모습이 들어 있다. 지나온 삶 속에 나의 진실이 숨어있다. 순수한 열정으로 가슴 설레던 나를 찾기 위해서는 내 마음 가장 깊은 곳으로 내려가야 한다. 깊숙이 가라앉아 있던 젊은 날의 꿈과 사랑과 진실을 길어 올리기 위해 나는 글을 쓴다. 아직도 내 기억 어딘가에는 감춰진 보물들이 있다. 침몰하는 보물선이 될 수는 없다.

마음껏 후회하기 위해 글을 쓴다. 밥 먹듯이 후회하며 지난날을 살아왔었다. 후회는 나를 자라게 하는 매일의 양식이었다. 앞으로도 더 많은 후회를 통해 나를 다듬어 가야 한다. 후회가 내 속에 녹아서 피가 되고 살이 되게 하려면 글쓰기보다 더 좋은 비결이 없다. 일그러진 나의 모습을 가장 잘 발견할 수 있는 시간은 글을 쓰는 순간이다. 더는 후회할 것 없는 모습으로 완전한 자유를 누리는 날이 오기를 기대해 본다.

새로운 미래를 꿈꾸기 위해 글을 쓴다. 지금 황혼의 길을 걷고 있지만 남은 날들이 아무리 짧다 해도 나를 기다리는 새로운 꿈들이 있다. 그리고 남겨진 삶의 의미와 가치를 찾아야 한다. 글쓰기는 아직도 젊음의 여운이 내 속에 남아 있음을 알게 하고, 미래를 향해 나의 가슴을 뛰게 만든다. 젊은 날의 순수했던 열정으로 시들어 가는 내 영혼을 다시 한번 깨우고 싶다. 지나온 날들이 내게 행운이었듯이 앞으로의 날들 또한 감사의 마음으로 받아들일 수 있다. 운명의 마지막 날까지 나의 꿈이 계속되기를 원한다.

마들렌 과자를 씹으면서 자신의 잃어버린 과거를 기억해 내고 소설 「잃어버린 시간을 찾아서」를 쓴 마르셀 프루스트처럼 위대한 작가가 될 수는 없지만 나도 잃어버린 기억을 모두 되찾고 싶다. 글쓰기를 통해 내 마음이 위로받고, 스쳐 지나온 인연들이 얼마나 소중한지를 알게 되었다. 평탄치 않은 날들이었으나 그것은 고통이 아니라 아름다운 굴곡이었다. 이루지 못한 꿈이었으나 그런 꿈을 간직했었다는 사실만으로 내 삶이 풍요로웠음을 깨닫는다. 인생의 온갖 경치를 누리면서 살아온 기적 같은 날들이었다. 앞으로의 시간 또한 새로운 기적이 열릴 것이라 기대해 본다.

세상이 아무리 혼탁해질지라도 나는 맑은 정신으로 살아가기를 원한다. 진리와 이상을 추구하던 초심을 되살려 더 나은 세상을 만드는 일에 작은 보탬이 되었으면 좋겠다. 글로써 내 마음을 세상과 공유하고 공감할 수 있기를 바라지만 설혹 보아주는 이 없어 혼자 읽는 글이 될지라도 나 자신을 위해 글 쓰는 일을 멈추지 않을 것이다.

눈
썹
과

인
덕

내 눈썹은 굵고 진하다. 웬만한 눈썹의 두 배는 된다. 모르는 사람을 처음 만날 때 가장 먼저 눈길을 끄는 게 눈썹인 것 같다. 그리고 눈썹 때문에 다른 사람의 호감을 살 때도 있다. 가끔은 내 눈썹을 탐내는(?) 사람도 있다.

사실 나 자신도 눈썹에 대한 자부심이 없다고는 할 수 없다. 머리를 손질하러 헤어샵에 갔을 때 눈썹을 간결하게 손질해 주겠다는 제안도 마다하였다. 아내도 눈썹을 좀 정리하라지만 그럴 마음은 없다. 그랬다가 '오는 복을 차버리지 않을까?' 은근히 걱정도 된다.

오래전 일이지만 눈썹이 멋지게 생겼다며 극찬을 들은 적이 있다. 중년의 어느 날 모임이 있어 조방 앞 어느 주차장에 차를 넣고 나오는데 입구에서 주차 관리를 하던 분이 내 눈썹을 보고는 귀인이 될 상이라며 감탄했었다. 그 후 가끔 귀인이 될 꿈에 마음이 부풀기도 했으나 그것도 이젠 개꿈이 되어버렸다.

내 눈은 아무리 크게 떠도 눈썹의 3분의 1도 되지 않는다. 아내의 눈은 크기가 내 눈 두 배는 족히 되는데, 눈썹은 내 눈썹의 3분의 1이 될까 말까다. 처음 우리가 만났을 때 나는 아내의 커다란 눈에 반하였다. 바라보는 그 눈길에 내 마음이 녹아버린 것이다. 그러나 나는 아내로부터 눈썹이 잘생겼단 소리를 한 번도 들은 적이 없다. 눈이 크면 예쁘다는 소리 듣는 사람은 많아도 눈썹이 짙다고 예쁘다는 소리 듣는 사람은 없으니, 아내에게 그런 말 듣지 못한다고 서운해할 일은 아니다.

내가 조금 더 짙기는 해도 내 눈썹은 아버지의 눈썹을 많이 닮았다. 우리 6남매 중에서도 내가 제일 짙은 편이다. 그런 때문인지 어릴 적에 어머니는 내 눈썹을 보시면서 "너는 인덕이 있을 거다."라는 말씀을 곧잘 하셨다. 하루 한 끼 밥도 먹기 어려웠던 살림을 오로지 땀으로 일구셔야 했던 어머니는 당신의 박복한 운명을 옅은 눈썹 탓으로 돌리셨다. 그러다 보니 크고 짙은 눈썹을 가진 내가 편히 살기를 바라는 마음에서 하신 말씀일 수도 있다. 어머니의 염원 덕분인지, 내 눈썹 덕분인지 살아오면서 어려움이 닥칠 때마다 알게 모르게 도움의 손길을 내미는 분들이 있어 무사히 넘어가고는 했다. 일찍 부모님 곁을 떠나 살아온 세월이 쉽지는 않았으나 좋은 인연들 덕분에 여기까지 온 것은 사실이다. 내세울 것 없고 맨주먹이던 내가 이만큼 된 것은 눈썹 덕을 톡톡히 보았다고 해도 틀린 말 같지는 않다. 어쩌면 눈썹 하나가 나를 먹여 살렸을 수도 있다. 한편, 어머니로선 내 눈썹이 무척 부러우셨을지도 모른다. 내 눈썹의 절반만 되셨어도 그토록 고생하지는 않으셨을 텐데….

하지만 30년 전에 들었던 말처럼 나는 아직도 귀인에는 이르지 못하였다. 일흔이 넘은 지금도 평범한 내과 의사로 살아갈 뿐, 귀인이라 하기에는 한참 못 미친다. 욕심을 부린다고 귀인이 되지는 않는가 보다. 하지만 눈썹 하나로 귀인이 된다면 그것도 불공평한 일이다. 눈썹에 어울릴 만큼 뭔가 잘하는 게 있어야 기대라도 해볼 텐데 그렇지가 못한데 어찌 눈썹 덕에 귀인이 되길 바라겠나? 옛날 어느 만화에 나오는 신선의 눈썹처럼 바람에 휘날릴 만큼 길게 자란다면 모르겠으나 만화에서나 있을 법한 얘기다. 눈썹에 버금가는 큰 인물이 되고 싶지만 그게 어디 쉬운가? 귀인은 못되어도 좋으니 눈썹만큼은 아니더라도 눈썹을 부끄럽게 하지는 말아야겠다.

그처럼 잘난 줄 알았던 내 눈썹도 이제 절반은 희게 변하였다. 모두 하얗게 될 날도 머지않았다. 지금처럼 살다가 맘 편히 인생을 마무리할 수 있다면 더 바랄 것이 없다. 눈썹 덕분에 잘 살아온 세월, 나는 참 인덕이 많은 사람이다.

다시 찾고 싶은 인연

처음 개원할 때부터 지금까지 나를 전심으로 응원해 주셨던 고등학교 선배의 부인 되시는 분이 소천하셨다는 소식을 듣고 조문을 다녀왔다. 치매로 고생하시다가 코로나 유행 시기에 요양병원에 입원해 계실 동안 찾아뵙지 못한 것이 너무 아쉽고 죄송스럽다.

지난날을 돌아보면 참으로 좋은 사람들과 많은 인연을 맺으면서 살아온 세월이었다. 그런데 갈수록 그 인연들이 다시는 돌아오지 못할 길을 떠나고 있다. 남겨진 인연들 역시 언제 떠나게 될지 알 수가 없다. 그러다가 내가 이 세상을 떠나는 순간이 오면 그 모든 인연과도 작별을 고해야 한다.

처음 고향을 떠나 김천에서 자취하며 학교 다닐 때 신세 진 주인집 아주머니, 충북 황간으로 이사를 가신 뒤 의예과 때 한번 찾아뵈었으나 그리곤 인연이 끊어졌다. 바쁜 생활에 매이다 보니 다시 찾아뵐 마음의 여유가 없었다. 이젠 이 세상 분이 아니시다.

대학 졸업 후 학교에 발령받았는데 벼락처럼 닥친 사병 입대로 마음고생하고 있을 때 애써 주시고, 입영열차에 오르던 날 나의 부모님까지 모시고 환송연을 베풀어 주신 분이 계셨다. 내가 자대 배치를 받고 나서 첫 면회를 와주신 분이기도 했다. 두 해 전 세상을 떠나셨다는 소식을 전해 들었다. 내 친구와 백년손님으로 맺어졌던 인연이었는데 친구는 군의관으로, 나는 위생병으로 군 복무 중에 친구가 불의의 사고로 세상을 떠났다. 나중에야 그 소식을 전해 들은 나는 그분의 '아픈 상처를 건드릴까?' 하여 제대 후 한 번도 찾아뵙지를 못하였다. 고마웠다는 말씀, 꼭 전하고 싶었는데 이젠 뵐 수가 없다.

죽마고우였던 고향 친구가 교통사고로 식물인간이 되어 있다가 세상을 떠났다는 소식도 나중에야 전해 들었다. 초등학교 때 3년 동안이나 담임을 맡아주셨던 은사님도 갑자기 세상을 떠나셨다고 한다. 모두 뒤늦게 소식만 전해 듣고 있다. 가까웠던 인연들이 이렇게 떠나가고 있는데 나는 그들과 작별 인사조차 나누지를 못하였다. 아버지와 어머니, 그리고 큰누나가 세상을 떠났을 때도 나는 그 곁을 지키지 못하였다. 잠시라도 뵙고 마지막 인사를 나누지 못한 것이 너무 아쉽고 안타깝다. 한번 가면 다시 오지 못하는 인연들인데 저세상에서라도 그들을 꼭 다시 만나고 싶다.

세상살이에 바쁘다는 이유로 소중한 인연들을 다시 만나지도 못한 채 뒤늦게 떠났다는 소식만 듣고 있다. 앞으로 얼마나 더 많은 인연을 작별 인사도 없이 보내야 할까? 자꾸만 외톨이가 되어가는 느낌이다. 더 많은 이들이 떠나가기 전에 시간을 내어 인연 찾기 여행이라도 다녀왔으면 좋겠다. 헤어진 인연들을 다시 만나 소중했던 시간을 돌아보면서 함께 마음을 나누고 싶다. 서로에게 기쁨이 될 일이다.

사람은 대체로 서운한 일은 오래 기억하고, 고마운 일은 쉽게 잊어버리는 나쁜 버릇을 가지고 있다. 나 역시 그렇다. 내가 아쉬울 땐 손을 내밀지만 아쉬움이 사라지면 그 고마움을 잊어버리기 일쑤다. 표리부동한 짓이고, 인간적으로 미성숙한 태도이다. 나쁜 기억은 빨리 지워버리고, 좋은 기억은 오래오래 간직하는 사람이 되어야 한다. 가슴속에 날카로운 가시를 담아두기보다는 부드러운 향기를 많이 간직하는 사람이 되어야 한다. 그것이 더 많은 행복을 누릴 수 있는 비결이다. 나이가 들면서 나의 부족한

면이 조금씩 변하고 있다. 참으로 다행이다. 해가 갈수록 서운했던 일들은 흐르는 물에 씻기듯 희석되어 사라지고, 고마웠던 일들은 마른 그림이 물기를 머금어 윤곽을 드러내듯 또렷하게 기억 속에 살아나는 것을 본다. 세상을 떠날 때는 좋은 기억만 안고 가라는 하늘의 뜻인가 보다.

다시 만나고 싶은 인연들은 얼마나 될까? 하루속히 시간을 내어 끊어졌던 인연들을 다시 찾아보고 싶다. 멀어진 인연을 아쉬워하며 쓸쓸하게 말년을 보내시는 분들에게 너무 늦게 찾은 발길이 되지 않도록 서둘렀으면 좋겠다. 여전히 일에 매여 바쁜 나날을 보내고 있는 나의 '인연 찾기 여행'은 언제쯤 가능할까?

무한긍정

자타가 인정할 만큼 나는 감상적인 사람이다. 토요일 오후 진료실에 남아 진료기록과 서류 정리를 하면서 '7080 노래'를 듣다 보면 가슴이 촉촉해지는 것을 느낀다. 알 수 없는 그리움으로 기쁨인지 슬픔인지 모를 묘한 감상에 빠져 몇 시간을 보낸다. 몸으로 부르는 데는 미련하지만, 마음으로 듣는 데는 말할 수 없이 민감하다. 아버님, 어머님 돌아가셨을 때도 주위의 눈치가 보일 만큼 너무 많이 울었다. 지금도 부모님 얘기만 나오면 가슴이 뭉클해지고 목이 메어 말을 이어갈 수가 없다. 아내로부터 너무 감상적이란 핀잔도 들었다. 그런 성격 탓인지 젊었을 적엔 어려움을 만나면 죽을 것처럼 마음을 졸이고는 했다.

그렇던 내가 이젠 어떤 어려움도 가볍게 받아들이고, 기가 죽어 어깨를 늘어뜨리는 일도 없다. 무슨 일을 만나든 쉽게 흔들리지 않고, 한번 마음먹은 일은 끝장을 본다. 어쩌다가 이렇게 변했는지 스스로 생각해도 신기하다. 살아오면서 겪은 시련들이 나를 변화시킨 결과이다. 마음속 깊이 가라앉아 있던 지난날의 힘들었던 일들이 잔잔한 그리움으로 다가온다.

물론 지금도 심한 어려움을 만나면 처음에는 두렵고, 당황하고, 충격 속에서 허우적거릴 때가 있다. 조금 전만 해도 그랬었다. 온갖 생각으로 마음이 복잡하여 조급하게 서두르고 있었다. 그렇던 마음이 이젠 모두 사라졌다. 아무리 어려운들 지난날의 고통에 비할 바는 아니다. 어려운 건 사실이지만 죽을 만큼은 아니다. 조급하게 서둘 필요도 없다. 어떤 결과를 맞을지 은근한 기대 속에 기다리기도 한다. 기다리면서 지켜보면 자연스럽게 해결되는 방향으로 흘러가는 것을 볼 수 있다. 이런 여유를 찾기까지 얼마나 많은 세월이 흘렀던가! 평온한 삶은 없다. 전쟁을 치르듯이 치열하게 살아가는 게 인생이다.

세상에서 좋은 일이라 하여 모두 좋을 수가 없고, 나쁜 일이라 하여 모두 나쁘지도 않다. 호사다마好事多魔라고 좋은 일에도 마가 끼어들 수 있고, 나쁜 일을 통해서도 뭔가를 얻는 게 있다. 그래도 나쁜 일을 만나면 훨씬 고통스러운 건 사실이다. 사업이 위기에 몰리고, 일이 산더미처럼 쏟아지고, 믿었던 사람에게 배신을 당하고, 가정에 불화가 생기고, 건강에도 적신호가 켜지고, 뭐 하나 제대로 되는 게 없는 것처럼 보일 때가 있다. 이럴 때 필요한 게 긍정의 마음이다. 깊이를 알 수 없는 진창 아래로 마음이 가라앉을 때 고개를 들고 위를 바라볼 수 있도록 하는 게 긍정의 마음이다. 겉으로 보기에는 잃는 것 같아도 속으로는 더 강해지고, 더 많은 기회를 얻을 수 있다.

한 가지 어려움이 생기면 두세 가지가 줄줄이 엮여서 나타나는 수가 많다. 사방이 막혀 어디로도 빠져나갈 구멍이 없어 보인다. 내게도 이런 일이 가끔 일어나고는 했다. 그때마다 세상에 죽으라는 법은 없다는 생각으로 용기를 돋운다. 정호승 시인이 말하는 '모든 벽은 문이다!' 정말 공감이 가는 말이다. 눈에 보이지 않는다고 문이 없다고 속단할 일은 아니다. 쉽게 눈에 띄지 않을 뿐 어딘가엔 탈출구가 있다. 찾다가 없으면 내가 새로운 문을 만들고 길을 낼 수도 있다. 숨겨진 탈출구를 찾기 위해서는 끈기가 필요하다.

물론 여기까지 오면서 수치스러움도 있었고, 가슴앓이도 많이 했었다. 넘어지고 일어서기를 수없이 반복해야만 했다. 그러다 보니 근육이 붙고, 웬만해선 쓰러지지 않을 만큼 맷집도 생겼다.

어려움이 닥칠 때마다 내 마음을 일으켜주는 또 다른 말이 있다. '다 나쁜 건 아냐.' 지금도 몸과 마음이 무거울 때 힘이 되는 말이다. 아무리 힘들어도 이 한마디만 떠오르면 마음에 여유가 생긴다. 무겁던 마음이 가벼워지고 용기가 솟는다.

    치열하게 살아온 날들이었고, 앞으로의 날들 또한 다를 바는 없다. 그러나 내 마음은 이제 여유를 찾았다. 새로운 어려움을 만나면 즐기고 싶은 모험심마저 생긴다. 나의 이런 태도를 아내는 '무한긍정'이라 한다. 쓰러지고 다시 일어서는 게 나의 특기이다.

소팔자 인생

사람은 누구나 게으르고 싶은 본성을 지녔다. 나 역시 예외가 아니다. 그런데도 나는 최근 10년 동안 한 번도 휴가를 다녀오지 못했다. 70년 세월을 살아오면서 아직 미국, 영국, 프랑스, 독일, 이탈리아, 호주, 뉴질랜드, 캐나다, 남미나 아프리카, 중동 어디에도 다녀온 적이 없다. 일에 매인 탓에 한 주일도 시간을 내기가 어렵다.

내가 고향을 떠난 이유는 농사일이 싫어서였다. 잠시 쉴 틈도 없이 온 힘을 농사일에 쏟으시는 어머니를 보면서 나는 어머니와 다른 삶을 살고 싶었다. 그랬던 내가 진료실이란 한정된 공간을 벗어날 수가 없다.

어머니는 끼니 걱정은 하지 않을 만큼 여유 있는 집안에서 자라셨다. 그러나 외할아버지의 뜻으로 가난한 집 외아들인 아버지와 혼인하셨다. 어머니 말씀처럼 '부루씨* 모로 박을 곳도 없는 집'으로 시집을 오신 것이다. 논 네 마지기와 밭 두 마지기가 우리 여덟 식구의 목숨줄이었다. 농사철이면 어머니의 일하시는 모습은 남정네를 능가할 정도였고, 농사일이 끝난 겨울철엔 길쌈을 하셨는데 한번 베틀에 앉으시면 끼니때까지 내려오시는 법이 없었다. 아버지는 몸도 약하신 편이었지만 마을의 공식적인 일을 맡으실 때가 많아 농사일을 비롯해 대부분의 집안일이 어머니 중심으로 돌아가고는 했다.

  일을 시작하면 땀을 비 오듯 쏟으시면서 한숨 돌리지도 않고 마무리를 지으시는 어머니의 모습을 볼 때마다 나는 농사일이 두려웠다. 도저히 어머니처럼 일할 자신이 없었다. 초등학교와 중학교 시절, 걸핏하면 논 가운데서 하늘을 쳐다보며 '나는 절대로 농사는 짓지 않을 거야! 어디론가 도망가서 뭔가 다른 일을 할 거야.'라며 다짐하고는 했다.

  어릴 적 우리 육 남매에게 어머니는 너무나 엄격하신 분이었다. 군것질은 꿈도 꿀 수 없었고, 세뱃돈이나 일 년에 한두 차례 외삼촌에게 받은 용돈도 외삼촌 모습이 집 모퉁이를 돌아 시야에서 사라지면 즉시 어머니 손에 넘겨야 했다. 나중에 주시겠다는 약속은 하셨지만, 한 번도 그 약속이 지켜진 적은 없었다. 심지어 초등학교 졸업을 앞두고 보은 법주사로 수학여행을 다녀올 예정이었는데 어머니의 반대로 가지 못하게 되었을 때 친구들 부모님까지 집으로 찾아와 어머니를 설득하였으나 소용이 없었다. 결국 기차여행이라 경비가 절반밖에 들지 않는 김천 직지사로 목적지를 바꿔야만 했다. 한 학급뿐인 졸업반 58명 중에 반장이었던 나를 위한 선생님의 배려였다. 아무리 시골 학교라지만 유례가 없는 일이었다. 중학교 때 경주 수학여행도 당연히 나는 가지 못했다.

언젠가 일이 많다고 불만을 터뜨렸더니 "나는 일이 없을까 봐 무섭지, 일 많은 건 하나도 안 무섭다. 일이 없으면 밥이 입에 들어오나?"라며 나무라셨다. 감히 대꾸는 못 했으나 어머니가 야속하기 짝이 없었다. 일이 없으면 자식들을 굶길 수밖에 없었던 어머니의 절박한 심정을 그때 나는 알지 못하였다.

그처럼 무섭게 일하고 알뜰히 모은 덕분에 내가 초등학교 4학년이 되던 해부터 2~3년마다 두어 마지기씩 논을 사들이는 기적 같은 일이 일어났다. 고등학교 진학을 위해 내가 고향을 떠날 즈음엔 마을에서 '알부자'란 소리를 듣기도 했다.

객지 생활을 하다가 바쁜 중에 잠시 시간을 내어 고향 집에 가는 날이면 어머니와의 첫 대면은 거의 언제나 텃밭에서였다. 풀 한 포기 없을 만큼 밭은 말끔하였고, 어머니가 심은 것은 무엇이든 잘 자랐다.

　백 살이 되시던 해 겨울, "빨리 봄이 왔으면 좋겠다." 하시는 어머니께 "왜 그렇게 봄을 기다리시는데요?" 하였더니, "봄이 빨리 와야 저 밭에 풀을 뽑지." 하셨다.

　백세 살까지 살다 가신 어머니는 돌아가시기 일 년 전부터 인지력이 조금씩 떨어지셨다. 떠나시기 두 달 전인 추석 무렵 어느 날, 방바닥에 깔린 장판을 잘게 찢어놓으셨다. "장판을 왜 이렇게 하셨어요?" 하는 형수의 말에 "풀이 많이 나서 풀을 뽑아놓은 거다."라고 하셨단다. 곧잘 "나는 소 팔자다."라고 하시던 당신의 말씀처럼 어머니는 인생을 소처럼 살다가 돌아가셨다.

　그토록 일하기 싫어하던 내가 이젠 손에서 일을 놓을 수가 없다. 어머니만큼은 아니지만 어느새 나도 '소 팔자'가 되었다. 고된 삶을 운명처럼 받아들인 어머니의 삶을 돌아보면서 내게 지워진 삶 또한 기꺼이 받아들여야 할 나의 운명이라 생각하며 오늘도 집을 나선다.

＊부루씨: 표준말로 상추 씨앗

4부

나를 위한 시간

내가 살아가는 이유

나 자신을 향해 가끔 던져보는 질문이 있다. 왜 사는가? 무엇을 위해 사는가? 어떻게 살아야 하는가?

인생의 색깔은 참으로 다양하다. 사람마다 그 빛깔이 다르고, 같은 사람의 인생이라도 순간마다 색깔이 다르다. 밝을 때가 있고 어두울 때가 있다. 쉬울 때가 있고 어려울 때가 있다. 기쁠 때가 있고 슬플 때가 있다. 총천연색 같은 게 인생이다. 새로운 문제가 닥칠 때마다 '왜?'라는 질문을 던지게 된다. 나 자신을 향해 질문을 던지고 스스로 답을 찾다 보면 삶의 의미가 분명해지고 삶이 더 견고해지는 것을 알 수 있다. 내 생각과 행동 하나하나에 숨겨져 있던 의미가 살아나는 것을 깨닫는다. 잠들어 있던 삶을 깨우는 일이다.

왜 사는가? 내가 존재해야 할 이유, 가장 크고 중요한 질문이다. 나에게 주어진 모든 시간은 선택의 순간들로 이어져 있다. 시간에 쫓기듯이 허둥대며 살다 보면 삶의 의미를 잃고, 어디로 가는지도 모르는 삶이 될 수 있다. 의미를 찾아 내가 선택한 길을 가게 될 때 스스로 보람을 느낄 수 있다. 올바른 선택, 최고의 선택을 하면서 살아간다면 지혜로운 자가 될 것이고, 흐름에 적당히 휩쓸리는 삶을 산다면 낙엽처럼 굴러가는 인생이 될 것이며, 지혜롭지 못한 선택을 하며 살아간다면 삶이 시궁창으로 흘러갈 수 있다.

무엇을 위해 사는가? 젊은 시절에는 느낌을 따라서 살아온 삶이라면 나이가 든 지금은 생각하는 삶을 살아야 한다. 그리고 의미를 찾아서 행하는 삶이 되어야 한다. 풀과 나무, 동물과 사람, 그것이 어떤 생명체이든 어릴 때는 젊음, 그 존재만으로도 아름답고 잠재적 가치를 지닌다. 하지만 시간이 흐르고 나이가 든 후에는 존재만으로 가치를 인정받기는 어렵다. 어떤 결실에 의해 그 가치를 평가받게 된다. 자연의 섭리라 할 수 있다. 봄에는 싹이 트고, 싱싱한 잎을 바람에 날리며, 꽃을 피우는 것만으로 충분히 의미 있는 존재이다. 그러나 가을이 되어 열매를 맺지 못한다면 그것은 초라함을 면할 수 없다. 겉보기에 화려한 열매가 아니라 알찬 열매일수록 그 의미는 크다.

　어떻게 살아야 하는가? 생전에 어떻게 살았느냐에 의해 자신의 가치가 결정된다. 삶이 끝나면 평가받을 일만 남는다. 가치 있는 삶으로 평가를 받으려면 현재를 어떻게 살아가느냐가 중요하다. 부끄럽지 않게 스스로 최선을 다하는 삶을 살아야 한다. 인생은 고해다. 시련과 고난 없는 인생은 기대할 수 없다. 날마다 평탄하기만 바라는 것은 넓은 바다에 폭풍과 파도가 없기를 바라는 것과 같다. 스스로 단련되어 극복할 수 있기를 바라고, 조난신호를 보내야 할 때도 있지만 바다 한가운데서 방황하는 난파선처럼 살지는 말아야 한다. 목표를 향해 나아가는 삶이 되어야 한다. 그리고 그 목표를 이루기에 합당한 삶을 살아야 한다.

　나 자신을 향해 가끔 던져보는 질문은 세 개이지만 결국은 하나다. 서로가 엮여 하나의 결론에 도달된다. 진실을 무너뜨리는 사람이 되지 말고, 게으름에 물들지 않은 성실함으로 시간을 지키고, 따뜻한 마음으로 세상을 감싸는 삶을 보내야 한다. 지금까지 살아온 날들을 돌아보면 힘들고 고통스러운 날도 있었지만 지나고 보니 모두 아름다운 날들이었다. 젊은 날은 산뜻하면서도 여린 모습 그 자체로 아름다웠고, 장년의 날은 미로 같은 인생길을 헤쳐나온 그 굽이마다 아름다웠다. 이제 노년의 날을 보내면서 비바람에 씻기고 다듬어진 나의 주름진 모습이 아름답기를 기대해 본다.

 지금은 인생 말년, 남은 날들이 길지는 않다. 지나온 날들을 돌아보며 결실을 챙겨야 할 때가 되었다. 원망도, 후회도, 미련도 없는 삶이 되기를 원한다. '인디언 썸머' 같은 내 인생의 가을날에 마지막 햇살을 받아 알찬 열매가 맺히고, 잔잔한 미소가 내 마음에 피어오르기를 기대해 본다.

건강하게 오래 사세요

"건강하게 오래 사세요." 내가 환자들에게 자주 듣는 말이다. 역할이 뒤바뀐 것 같아 웃음이 나온다.

아프리카 오지나 난민촌 아이들이 뉴스에 나올 때면 새까맣고 바싹 마른 몸에다 얼굴에는 하얗게 마른버짐이 핀 나의 어릴 적 모습을 보는 것 같다. 걸핏하면 설사와 구토를 하다 보니 영양실조로 야맹증에 걸려 밤에는 기둥이나 벽에 머리를 부딪히기 일쑤였다. 잔병치레로 초등학교도 친구들보다 늦게 들어갔는데, 어느 겨울 아침 등굣길에 너무 추워서 엉엉 울음을 터뜨렸다. 그때 자신의 장갑을 벗어서 내 손에 끼워준 5학년 선배는 지금 생각해도 고맙다. 초등학교 4학년 때 오후 수업 시간에 점심 먹은 것을 교실 바닥에 모두 토하여 친구들을 혼비백산케 했을 때 뒤

치다꺼리를 해준 친구는 내게 마음의 빚을 남긴 채 수년 전에 세상을 떠났다.

의예과에 입학하던 해 봄 고열과 오한, 두통에 시달리며 밤마다 땀을 비 오듯 쏟고는 했다. 중간고사를 앞두고 앓기 시작하여 기말시험 직전까지 시달리는 바람에 세 과목 학점을 놓쳐 계절수업과 이듬해 재수강까지 들어야만 했다. 나중에 본과 공부를 하면서 내가 앓았던 병이 장티푸스라는 사실을 알았다.

마흔세 살 되던 해 4월 갑자기 대장에 천공이 생겨 장절제술을 받고, 곧이어 B형 간염에 걸려 심한 황달을 동반한 간 기능장애로 몸무게가 13kg이나 빠지고 삶을 거의 포기하다시피 했다. 거짓말처럼 회복기로 접어들 때가 11월이었는데, 소문은 이미 내가 죽었다고 퍼져 있었다. 그 후 큰 탈 없이 지내왔으나 언제 생겼는지 2cm가 넘는 담석 두 개가 쓸개 속을 굴러다닌다. 말썽을 부리면 다시 수술을 받아야 한다.

그처럼 허약하고 병치레만 하던 몸이었는데 언제부턴가 건강이 좋아지더니 지금은 생애 최고의 날들을 보내고 있다. 종일 바쁘게 보내도 피곤함을 모른다. 두 해 전에는 28년 동안 몸속에 버티고 있던 B형 간염균이 사라지고 자연항체가 생겼다. 후배인 동료 의사의 말을 빌리면 '로또에 당첨될 만큼 드문 일'이란다.

입맛이 떨어져 밥 남겨본 적이 없고, 어릴 때는 일 년에 겨우 몇 번 먹기도 어렵던 고기인데, 지금은 밥상에 고기가 없으면 서운하다. 나물을 정말 좋아하는데, 특히 봄나물 먹는 재미에 봄이 기다려질 정도이다. 순 살코기에다 싱싱한 채소는 환상의 콤비이다. 달콤한 음료엔 손도 안 대지만, 날 과일은 무엇이든 잘 먹는다. 비빔밥은 내가 가장 좋아하는 메뉴이다. '밥이 보약이다. 골고루 먹어라.' 부정할 수 없는 진리이다.

바쁘다는 핑계로 미뤄오던 운동을 환갑이 되어 시작한 지 12년이 지났다. 짧은 시간에 효율적으로 몸을 다질 수 있는 나만의 비법도 찾았다. 아무리 바빠도 할 수 있는 '생활 속의 운동'이다. 기회 있을 때마다 다른 사람들과도 나누고 있다. 지금 몸 상태는 20년을 거꾸로 돌려놓은 느낌이다. 실내 자전거를 타면 심장 박동이 분당 120회를 넘어 140회까지 오르면 은근히 걱정은 되지만 심장에 부담은 없다. 평지에선 젊은 사람이 따라오기 힘들 정도로 빨리 걷고, 웬만한 산길은 가볍게 오른다.

스스로 자랑스럽게 여길 뿐 아니라 환자들에게도 자주 들려주는 말이 있다. 나는 담배를 피우지 않는다. 대학 입학 후 선배들이 강제로 담배를 입에 물리고 뒤통수를 치면서 빨게 했었다. 피울 형편도 안 되었지만, 연기가 싫어서 따르지 않았던 게 얼마나 다행인지 모른다. 담배에는 7,000여 개의 화학물질이 들어 있고, 그중에 70여 개가 발암물질로 알려져 있다. 폐암은 물론이거니와 후두암, 구강암, 식도암, 위암, 췌장암, 신장암, 방광암, 백혈병 발생의 주요 원인이 된다. 거의 모든 암의 30%는 담배 탓이라 해도 과언이 아니다. 담배는 호흡곤란을 초래하는 만성 기관지 질환이나 동맥경화로 인한 뇌와 심혈관질환의 주요 원인이다. 비흡연자보다 치매에 걸릴 확률이 30%나 높고, 우울증도 더 많이 걸리며, 피부노화도 더 빠르다고 한다. 혹독한 대가를 치러야 한다. 다행인 것은 담배를 끊고 10년이 지나면 그 위험성은 전혀 피지 않은 사람과 비슷해진다는 사실이다.

맛있게 먹고, 즐겁게 일하고, 열심히 운동하는 게 건강한 삶의 비결이다. 걱정거리가 생기면 더 많이 노력하고, 꼭 해야 할 일이라면 기꺼이 감당하고, 즐거운 마음으로 사람들을 만나고, 마음속에 불평이나 불만을 심어두지 않는다. 오래 사는 것은 하늘에 달렸지만, 건강하게 사는 것은 자신에게 달려 있다.

그
리
운
사
람

    지난밤 꿈속에 찾아온 사람, 잠시 스치듯 지나갔으나 수십 년 세월이 흘렀어도 얼굴은 옛 모습 그대로였다. 꿈이 아니라 생시였으면 좋으련만 빨리 깨어버린 꿈이 너무 아쉽다. 세월과 함께 멀어진 인연이지만 꿈속에라도 다시 만나 옛정을 되살려 보고 싶다.

    삶의 사슬에 매여 잊고 살아온 수많은 얼굴들, 젊은 날 내 푸른 꿈과 함께했던 이들이기에 사라졌던 얼굴들이 하나둘 떠오를 때마다 그리움은 깊어간다. 작별 인사조차 건네지 못하고 헤어진 이들이기에 다시 만나서 못다 한 인연을 이어가고 싶다.

    바쁜 나날 속에서 시간의 흐름을 잊고 예까지 왔는데, 돌아보니 지난 세월이 까마득히 멀기만 하다. 세월의 굽이마다 인연으로 맺어졌던 얼굴들을 다시 만날 수는 없을까? 남은 세월은 사람과의 인연을 최고의 가치로 여기며 살아가고 싶다.

세월은 물같이 흐르고 인연은 바람처럼 사라져 간다. 인생의 물길을 건너며 만나는 모든 인연이 소중하다. 주어진 삶에 몸과 마음을 쏟으며 자기 인생을 살아가는 사람들과 새로운 인연을 맺으며 살아가고 싶다. 함께 마음을 주고받으며 인생의 남은 길을 가고 싶다.

어쩌다가 만나 몇 마디 말을 나누어도 전부를 나눈 것처럼 푸근해지는 사람, 가슴속에 묻어둔 얘기를 가볍게 털어놓을 수 있는 사람이 있으면 좋겠다. 조용한 오솔길을 걸으며 그와 얘기를 나누면 모든 시름이 씻겨 내려갈 것 같다.

많은 말이 없어도 마음을 주고받을 수 있는 사람, 지치고 외로운 날엔 목소리만 들어도 가슴이 따뜻해지는 사람, 존재만으로도 서로에게 의미가 되는 그런 사람을 만나고 싶다. 서로에게 기쁨이 되고 힘이 되는 사람, 그런 사람과 눈길만 마주쳐도 삶의 무게가 가벼워질 것 같다.

맑은 눈웃음과 산뜻한 목소리를 지닌 사람. 그와 나눈 얘기들은 씹을수록 구수한 맛이 나고, 마음속에 담아두었다가 보고 싶고 듣고 싶을 땐 언제라도 꺼내어 볼 수 있는 사람이 있었으면 좋겠다. 이성의 황홀함이 아니라 은은하게 번져오는 녹색 물빛 같은 사랑으로 마음을 적시고 싶다.

넉넉한 마음으로 두 손을 맞잡을 수 있는 사람과 얘기를 나누면 굳어버린 마음이 금방 풀어질 것 같다. 서로 다른 길을 가고 있을지라도 같은 뜻을 품고, 인생의 깊은 의미를 얘기할 수 있는 사람이 있었으면 좋겠다. 자연 속에서 그들과 벗하며 남은 인생을 보내고 싶다.

시간은 물같이 흐르고 그리운 이들은 하나둘 사라져 가는데 인생의 마지막 날이 오기 전에 서로에게 꽃이 되고, 바람이 되고, 물이 되는 사람을 만나고 싶다. 그런 사람이 되고 싶다. 황혼의 길목에서 마음에 그리는 이를 곁에 두고서 꿈같은 얘기, 바보 같은 생각을 글 속에 담아본다.

마음 다듬기

3·1절이라 쉬는 날이지만 지난밤 일찍 잠이 든 탓에 새벽녘에 눈이 떠졌다. 시계를 보니 3시, 몸이 가뿐하고 정신도 맑다. 일기를 쓰려고 만년필을 잡는데 문득 글 제목 하나가 머리에 떠오른다. '마음 다듬기', 그래 지금 내게 가장 필요한 것은 마음을 다듬는 일이다.

지금까지 내가 이룬 성과는 나의 자발적인 노력에 의해서가 아니라 외적인 압박에서 벗어나기 위해 노력하는 과정에서 얻어진 것들이었다. 온갖 담금질이 나를 외길로 몰아서 이뤄진 결과라 할 수 있다.

부족한 환경을 벗어나기 위해 발버둥 치듯 살아온 지난날이었다. 내 뜻대로 거부할 수 있었던 것들보다는 순응하며 받아들여야 할 외적 요구가 더 많았다. 어쩔 수 없이 그러한 요구를 받아들이면서 내 몸과 마음이 고통을 겪어야 했던 것은 사실이다. 그러나 결과적으로 그것은 더 나은 내가 되기 위한 과정이었고, 잘된 일이라 할 수 있다. 내 마음이 그들을 거부했더라면 나는 전혀 다른 삶을 살고 있을지도 모른다.

수십 년을 그렇게 살아왔으나 아직도 내게는 부족한 점이 많다. 모나고, 거칠고, 조금은 낯설고 흉한 모습까지도 내 어딘가엔 남아 있다. 완벽한 모습이 되기를 바랄 수는 없어도 매끈하고 부드러운 모습, 좀 더 깨끗하고 아름다운 모습이 되었으면 좋겠다. 그러려면 나 자신을 자주 돌아보아야 한다. 이제부터 부족한 나의 모습을 깔끔하게 마무리해야 할 의무가 내게 주어진 셈이다.

지금부터 모든 변화의 주체는 내가 되어야 한다. 여태까지는 외부의 요구와 간섭이 나를 변화시켰으나 이젠 내가 원하는 모습이 되기 위해 내가 선택하고 그 길을 가야만 한다. 거칠고 모난 부분을 갈고 다듬어 부드럽고 매끈한 모습으로 만들어야 한다. 몸 다듬기가 아니라 마음 다듬기이다. 내 마음 곳곳에 남아 있는 거슬리는 부분들을 매끄럽게 다듬는 작업을 해야겠다. 외부의 압박이 아니라 나의 내적인 변화에 의해서만 가능한 일이다. 아픔을 겪으면서 끌려가는 연단의 과정이 아니라 기꺼운 마음으로 기쁨을 누리면서 나아가는 수행의 과정이다. 마지막 순간까지 더 나은 내 모습이 되는 게 지금 나의 목표이다. 힘든 노동이 아니라 즐거운 휴식 같은 시간을 보내고 싶다.
　세상살이에 아픔이 없을 수는 없다. 고통과 슬픔도 감당할 수 있기를 바라야지 전혀 없기를 바랄 수는 없다. 이젠 웬만한 일도 담담하게 받아들일 마음의 여유가 생겼다. 지금까지 살아오면서 충분히 견뎌낼 수 있을 만큼 단련되었다고 믿기 때문이다. 무슨 일이 닥치든 의외의 일인 것처럼 당황하지 말고, 우울감에 사로잡히거나 낙망하지도 말고, 도가 넘칠 만큼 분노하거나 공격적이지도 말아야 한다. 시간이 흐르면 그 모든 것이 스쳐 지나간 경치로 보이게 될 것이다. 좀 더 아프거나 슬펐을지라도 가볍게 웃으면서 되돌아보는 날이 올 것이다. 그보다 더 고통스러웠던 과거의 일도 지금은 좋은 추억거리가 되어 있고, 그것이 내 삶의 양식이었음을 알기 때문이다.
　지금 내 생각은 자유롭고, 널따란 평원 위를 걷고 있는 기분이다. 여유로운 마음으로 구름이 흘러가는 모습을 보고, 좌우의 경치를 살피면서 인생의 길을 가는 느낌이다. 지금까지 살아오면서 이처럼 홀가분한 마음을 경험해 본 적이 없었다. 앞으로 더 여유로운 마음으로 남은 길을 가려고 한다. 낙조를 즐기는 마음으로 콧노래와 함께 하늘과 땅을 우러르며 발길 닿는 대로 흘러가리라.
　오늘은 3·1절, 특별한 새벽을 보낸다.

생활 속의 운동

내 진찰실을 찾는 분들은 65세 이상의 고령 환자가 절반을 넘는다. 두세 가지 병을 가진 분은 말할 것도 없고, 무려 예닐곱 가지 병으로 고생하시는 분들이 생각보다 많다. 노화와 관련되었거나 갑자기 닥치는 병이야 어쩔 수 없지만, 미처 대비하지 않아 고통을 겪으시는 분들을 보면 안타깝다. 이분들에게 고통을 안겨주고 삶의 질을 떨어뜨리는 몇 가지 요인 중에 가장 문제가 되는 게 부적절한 영양 섭취와 운동 부족이다. 건강을 지키는 핵심이 되는 두 축 중에서 나이가 들면 더 소홀해지는 것은 운동이다.

환갑을 맞으면서 나 역시 노인성 질환의 위기 앞에 놓여있다는 사실을 깨닫게 되었다. 평소 식사는 건강식이라 할 만큼 적절하였으나 운동은 절대적으로 부족한 편이었다. 그때부터 시작한 운동 덕분에 지금은 활기찬 삶을 보내고 있다. 하얗게 센 머리에도 불구하고 젊어 보인다는 말을 자주 듣는다.

지금까지 내가 해오고 있는 생활 속의 운동에 관해 간략하게 적어 본다.

내게 적절한 운동을 찾다가 실내 자전거를 타야겠다는 생각이 들어 76만 원을 주고 튼튼한 실내용 자전거를 주문하였다. 자전거가 도착하던 날부터 저녁 식사를 마치면 자전거에 몸을 싣는 게 일상이 되었다. 그렇게 몇 년이 지나자 구부정하던 자세가 곧게 펴지고 걷는 모습도 반듯해졌다. 3년 먼저 시작한 상체운동도 자세를 바로잡는 데 큰 도움이 되었다.

운동을 시작할 때 기본 요령은 첫째, 무리하지 않는다. 특히 시작 단계에서 주의해야 한다. 나이 든 사람이 의욕을 너무 앞세우다가 과부하가 걸려 한번 망가지면 회복하기 힘들다. 우리 몸의 생체리듬과 맞추려면 2주 간격으로 강도를 조금씩 높여가는 게 좋다. 둘째, 예외를 두지 않는다. 우리 몸은 걸핏하면 게으름 피울 핑곗거리를 찾는다. 한번 쉬게 되면 아예 그만두는 건 시간문제이다. 실내 자전거를 빨래걸이로 쓰는 사람들이 많은 이유다. 나는 아주 부득이한 날을 제외하고 거의 매일, 일 년에 350일가

량 자전거를 탔다. 셋째, 다른 일상과 연계시켜서 하는 게 좋다. 저녁 운동은 막무가내로 밀어붙였으나, 아침 운동은 생리현상의 도움을 받았다. 덕분에 하루도 빠짐없이 계속하고 있다.

개인적인 경험으로 보아 하체 근육의 단련을 위해서는 실내 자전거가 정말 좋은 운동이다. 무릎 관절에 무리가 없고, 운동강도를 높여서 하면 유산소운동과 근력운동의 효과를 동시에 얻을 수 있다. 한 시간에 22km를 타면 500칼로리를 소모했다는 표시가 뜬다. 처음에는 낮은 강도로 30분을 타는 것으로 시작하여 일일 목표량에 도달하는 데 6개월이 걸렸다.

다소 엽기적이긴 해도 누구에게나 권하고 싶은 아침 운동이 있다. 배변 시간에 비데가 설치된 변기에 앉아서 하는 상체운동이다. 배변 과정에는 손가락 끝을 양쪽 어깨에 붙이고 팔을 앞에서 뒤로 300회 돌린다. 회전 시에 배에 압박이 가해져 배변에도 도움이 된다. 다음 수세 과정에는 같은 자세로 팔을 뒤에서 앞으로 돌리면 230회 정도를 할 수 있다. 마지막 건조 과정에는 배꼽 근처에 두 손을 깍지 끼고 허리를 좌우로 돌리는 회전운동인데 역시 220~230회 정도가 된다. 세 과정에 걸리는 시간은 10분이면 충분하다. 규칙적인 배변 습관을 길러 장의 건강에도 좋다. 처음부터 욕심내지 말고 조금씩 회전수를 늘이는 게 좋다. 처음에 나는 각각 50회부터 시작하였다. 물론 딱딱한 의자에 앉아서도 가능한 운동이다.

　실내 자전거를 9년간 타고, 3년 전부터 걷기 운동으로 바꿨다. 혼자서만 운동하기가 미안하여 아내와 함께하는 방법을 택한 것이다. 저녁마다 9시부터 한 시간 동안 상가 빈터를 돌고 있다. 아내는 속보로 완만한 곡선구간을 걷고, 나는 뒤에서 빠른 속도로 지그재그로 걷는다. 서늘한 날씨에도 땀이 나고 발에 얇은 굳은 살이 생길 정도이다. 두 사람의 건강을 동시에 챙기는 장점은 있으나 실내 자전거보다 운동강도가 낮은 게 아쉽다. 부족한 운동량을 채우기 위해 아침 세면 시간을 활용하고 있다. 발뒤꿈치를 든 채 번갈아 외발 서기로 면도와 양치질과 세수를 한다. 세수할 때는 얼굴에 비누를 칠하는 순간부터 세수를 마칠 때까지 눈을 감는다. 신경전달 통로인 시냅스가 강화되는 뇌의 학습효과로 인해 균형감각을 기를 수도 있다.

　지난가을 모교 의과대학 개교 100주년 기념 가야산 등반대회에서 젊은 후배 몇 명과 제일 선두그룹으로 정상을 밟았다. 생활 속의 운동 덕분이다.

아름다운 삶을 위하여

지나온 세상살이가 쉽지는 않았다. 가진 것 없이 편안하길 원하는 몸으로 게으른 마음을 달래가며 살아온 세월이었다. 힘한 세상 속에 홀로 팽개쳐진 신세처럼 여겨질 때도 있었다. 그래도 좌절하거나 크게 상처받지 않은 모습으로 오늘을 맞게 된 것은 수많은 도움의 손길들이 있었기 때문이다.

내가 힘들어할 때마다 따스한 온기가 서린 손길들이 있었다. 그들이 보내는 웃음과 격려는 내 삶의 양식이었다. 덕분에 나는 물과 햇살만 있어도 줄기를 뻗어가는 식물처럼 눈에 보이지 않는 성장의 길을 걸어올 수 있었다. 지금까지 내가 한 것이라곤 바랄 수 없는 것은 바라지 않았고, 헛된 것을 멀리했으며, 멈추지 않고 한 걸음씩 걸어온 것뿐이었다. 이제는 후회하지 않고 마지막 길을 가는 일만 남았다.

 전쟁을 치르듯 치열하게 살아가는 세상살이지만 웃을 수 있는 여유는 있어야 한다. 몸은 힘들어도 마음은 평온함을 누려야 한다. 캄캄한 미로처럼 얽힌 삶의 터널이지만 어둠 속에 비치는 여린 햇살과 바람에 실린 옅은 향기를 느낄 수 있어야 한다. 험한 세상을 살아갈지라도 마음은 시들지 말아야 한다.

 몸은 시달려도 마음은 넉넉한 사람, 고통 속에 비명을 지르고 눈물이 쏟아질지라도 금방 웃음으로 자신을 일깨우는 사람이 되어야 한다. 살다가 가끔은 숲과 계곡을 거닐며 자연의 이치를 깨닫고, 푸른 하늘과 넓은 바다를 바라보며 삶의 여유를 찾고 자신을 돌보는 자세가 필요하다.

 인간의 감정 중에 가장 순수하고 아름다운 감정은 슬픔이다. 기쁨과 즐거움도 소중한 감정이지만, 슬픔은 그보다도 고결한 감정이다. 슬픔의 결정체인 눈물이 보석보다 값진 이유이기도 하다. 웃고 즐기는 중에도 마음속에 슬픔이 솟아나는 수가 있고, 잔잔한 음악을 듣는 중에도 슬픔이 선율처럼 가슴을 타고 흐르는 수가 있다. 깊은 잠 속에서도 슬픔이 지나간 흔적을 느끼는 날이 있다. 자연 속에서 풀과 나무와 산과 바다를 바라보는 중에도 슬픔이 가슴을 적시는 수가 있고, 하늘에 떠가는 구름을 바라보면서도 눈물이 고이는 수가 있다. 마음이 가장 순수해지는 순간이다. 떠나간 이들에 대한 그리움에 마음이 젖고, 미처 못 나눈 정에 가슴 아픈 순간이다. 환하게 웃는 모습도 아름답지만 깊은 슬픔으로 가슴 적시는 모습은 그보다 더 아름답다.

오염된 마음을 정화하고 아름다운 삶을 회복하려면 눈물의 시간이 필요하다. 웃고 즐기고 떠들며 보내는 삶이라 할지라도 가끔은 아무도 보지 않는 외진 곳에서 실컷 울음을 터뜨리는 것도 좋다. 꽉 막혔던 가슴이 시원하게 뚫리고, 가라앉아 있던 마음속 찌꺼기가 떠올라 한꺼번에 씻겨나가는 쾌감을 맛볼 수 있다. "참으로 좋은 울음 터로다. 가히 한 번 울어볼 만하구나." 연암 박지원의 말처럼 '좋은 울음 터'를 찾아 마음껏 울어보고 싶을 때가 있다. 한바탕 울음 뒤엔 가슴속에 별처럼 영롱한 아름다움이 가득 채워질 것 같다.

지금 내 모습은 아름다운가? 나는 아름다운 삶을 살고 있는가? 내가 살아가는 모습이 사납거나 추하지 않고, 초라한 모습이 아니기를 빈다. 지난 시간 내게 주어졌던 아름다운 기억을 되살려 감사하는 마음으로 살아가려 한다. 꿈 같은 세월 모두가 아름다웠다. 세상일에 쉽게 흔들리지 않고, 깨끗한 마음과 따스한 눈길로 세상을 바라보며 남은 삶을 보내고 싶다.

끝없는 노력과 인내, 변함없는 순수함과 따뜻함, 그리고 마음 속 아픔과 때를 씻어내는 맑은 눈물은 아름다움을 이루는 필수 요소이다. 스스로 아름다운 사람이 되어 아름다운 모습으로 마무리하는 삶이 되었으면 좋겠다.

아침 일기

매일 아침 나는 눈을 뜨자마자 제일 먼저 일기장을 펼친다. 삶에 새로운 변화가 일어나기를 기대하며 마음을 가다듬는 시간이다. 생활에 대한 기록보다는 주로 생각의 흐름을 적는다. 하루를 어떻게 보낼지 간단하게 그날의 계획을 적기도 한다. 생각의 속도만큼이나 빠르게 흘러나오는 만년필로 생각을 형상화한다. 마음속에서 풀려나오는 대로 적는다. 10분 정도면 한 페이지가 채워진다.

대학 시절엔 신앙생활을 하는 동료들과 어울려 보내면서 성경을 읽고 아침 묵상을 한 뒤 기록을 남기고는 했었다. 주로 반성문처럼 쓴 글이었는데 가끔은 젊은 날의 낭만에 관해 적기도 했었다. 두툼한 노트가 몇 권은 되었는데 바쁜 생활에 쫓기면서 여러

번 이삿짐을 싸다 보니 어느 순간 모두 사라지고 말았다. 다시 들춰볼 일은 없을 테지만 그래도 젊은 날의 흔적을 잃어버린 것 같아 조금은 허전하다. 새로운 일기 쓰기를 시작한 지는 6~7년이 지났다.

  젊을 때는 지금처럼 시간의 소중함을 알지 못했다. 그때는 넘치는 건 시간이고 부족한 것은 돈이란 생각으로 시간 가는 게 아까운 줄을 몰랐었다. 이젠 돈보다 시간이 훨씬 더 소중하다는 사실을 알게 되었다. 하지만 아무리 아쉬워도 흘러간 시간을 되돌릴 수는 없다. 지금은 하루하루가 소중하고, 한 시간도 그냥 흘려보내지 않으려 한다. 주어진 모든 시간에 최선을 다하는 삶이 얼마나 중요한지도 알게 되었다.

  아침 일기와 함께 하루를 시작한 뒤부터 삶이 많이 달라진 것을 알 수 있다. 나날이 새롭고, 바쁜 일과에도 불구하고 몸도 마음도 가뿐함을 느낀다. 업무의 성격상 마음을 집중하며 보내는 시간의 연속이지만 일과가 끝나는 순간에도 피로감을 모른다. 물론 10년 이상 단련된 체력 덕분에 신체적으로도 어려움은 없다. 오히려 다가올 저녁 시간에 대한 기대로 마음이 설렌다. 퇴근하여 저녁 운동을 하고 책을 읽다가 잠이 들면 금방 깊은 잠 속으로 빠져든다. 잠이 깰 때쯤이면 다시 아침 일기가 기다리고 있다.

쇼펜하우어는 40년 동안 하루도 빠짐없이 일기를 썼다고 한다. 일기를 쓰는 시간이 그에게 정신세계의 가장 깊은 곳까지 성찰하는 기회가 되었음을 알 수 있다. 그의 글을 읽다 보면 그가 얼마나 우리의 마음을 깊이 이해하였는지 알게 된다. 헤르만 헷세 역시 꾸준하게 일기를 써온 사람으로 알려져 있다. 세계적인 철학자나 작가는 거의 누구나 평소에 열심히 일기를 썼을 것으로 본다.

말과 글에는 분명한 차이가 있다. 말은 음색과 억양과 말의 속도와 호흡조절 등 여러 요소가 의사전달에 영향을 미친다. 거기에 표정과 동작(제스처)까지 더해지면 말은 다양한 방식으로 의사전달이 이루어지기 때문에 다소 부족하거나 어설픈 부분이 있어도 다른 요소에 의해 보완이 된다. 예술로 치면 종합예술과 같다. 그런데 글은 그렇지가 않다. 주어와 서술어, 형용사, 부사, 조사, 부호, 띄어쓰기 등이 제대로 되어야 한다. 어느 하나라도 잘못되면 의사전달에 혼란이 오거나 오해를 불러일으킬 수 있다. 거기에다 문맥이 매끄러워야 한다. 그렇지 않으면 외면당하는 글이 된다. 쉽게 말해 글은 완벽해야 한다. 의사전달 수단이 오로지 문자로 된 글뿐이기 때문이다. 즉흥적이면서도 좌중을 휘어잡을 만큼 말을 잘하는 것도 중요하지만, 분명한 의사전달의 수

단이 되고 오랫동안 기록으로 남을 올바른 글쓰기는 더욱 중요하다.

　나 역시 말을 잘하는 사람보다는 글을 잘 쓰는 사람이 되고 싶다. 일기 쓰기를 통해 삶의 변화뿐 아니라 글을 쓰는 데도 큰 도움이 되는 것을 알 수 있다. 낙수효과로 맛있는 수필 몇 편이 나온다면 금상첨화가 아니겠나?

어느 날의 일기

2022년 3월 ○일

이 시간부터 나는 새로운 인생 속으로 걸어 들어가려 한다. 지금까지의 삶은 앞으로 펼쳐질 날들을 위한 준비였다고 생각한다.

앞으로 내게 주어질 날들은 내게 새로운 기회이고, 약속이며, 내가 이 세상에 존재해야 할 이유가 된다.

지난날들이 허송세월이었다고 아쉬워하지 말자. 남은 날들이 짧다고 초조해하지도 말자.

하루하루가 내게 의미 있고 소중한 시간이기를 기대하자. 모든 순간을 가장 알차게 보내자.

살아있음에 대하여, 주어진 시간에 대하여, 그리고 이 순간에 대하여 무겁고 힘든 마음을 떨쳐 버리고, 감사함으로 받아들이자. 축복의 시간을 맞는 마음으로 살아가자.

아침에 좋은 생각, 좋은 마음으로 시작하도록 좋은 글을 읽으며, 좋은 기운으로 마음에 불을 댕기자.

2023년 5월 ○일

과거는 지나간 일이고, 다가올 미래는 허공과 같다. 과거는 현재와 미래를 위한 밑거름에 불과하다. 현재를 소중히 여기면 과거도 아름다운 모습으로 변할 수 있고, 현재를 소중히 여겨야 아름다운 미래를 기대할 수도 있다.

가장 중요한 것은 현재이다. 현재는 내 뜻대로 꾸려갈 수 있는 유일한 순간이다.

아름다운 과거, 아름다운 미래를 위해!

지나간 세월을 후회로 발목 잡히지 말고, 허황한 미래에 매달려 현재를 낭비하지도 말자.

현재를 잘 꾸려간다면 고통스럽던 과거도 아름다운 추억이 될 수 있다.

시간은 상수, 나는 변수. 내가 뭔가를 하든, 아무것도 하지 않든 시간은 흐른다.

오늘도 나는 시간의 외길을 걷고 있다.

나는 그 시간의 길 위에서 무엇을 할 것인가?

2023년 7월 ○일

소중한 것의 가치를 가장 깊이 깨닫는 시간은 그 소중한 것이 깨어지는 순간이다.

우리는 덜 소중한 것을 얻으려고 하다가 가장 소중한 것을 잃어버리는 어리석음을 범할 때가 있다. 손에 쥐고 있을 때는 그것이 얼마나 소중한지를 알지 못해서 일어나는 일이다.

사랑하는 사람이 내 곁에 있을 때는 그가 얼마나 소중한 사람인지를 알지 못한다. 그런데 내가 덜 소중한 것들에 한눈을 파는 사이에 그가 나를 떠나는 순간 그가 내게 얼마나 소중한 존재인지를 깨닫게 되고, 그로 인해 깊은 마음의 고통을 겪게 된다.

덜 소중한 것들에 마음을 빼앗겨 가장 소중한 것을 잃는 어리석은 사람이 되지는 말자. 눈을 감는 마지막 순간까지 후회하며 살아갈 수도 있다.

내게 가장 소중한 것은 무엇인가?

내게 가장 소중한 사람은 누구인가?

2024년 12월 ○일

어머니는 알고 계실까? 내일이 내 생일인 줄을?

생전에 내 생일만 되면 잘 챙겨 먹으라고 전화를 주시고는 하셨다. 일찍이 품을 떠나 미역국 한번 손수 끓여주시지 못하는 마음을 전화로 대신하셨다.

이젠 이 세상 분이 아니시다. 저세상에서라도 내 생일을 기억하고 계시는지 궁금하다. 뵙지는 못해도 마음의 끈, 영혼의 끈은 끊어지지 않았으면 좋겠다.

내게 오직 한 분 어머니, 오늘 같은 날은 어머니가 너무 보고 싶다. 곁에 계시면 품에 안겨 눈물이라도 흠뻑 쏟고 싶다.

어릴 적부터 워낙 병치레가 심했던 나였다. 그런 나를 위해 어머니는 새벽마다 장독대 위에 정화수를 떠 놓고 두 손 모아 비셨다고 한다. 그 얘기를 며칠 전에야 작은누나에게 처음 들었다. 왜 아무도 내게 진작 그 사실을 알려주지 않았을까? 다른 형제들보다 몸이 약해서 어머니께 걱정을 많이 끼쳐드린 것은 사실이다. 그러나 어머니께서 나를 위해 그렇게까지 하신 줄은 몰랐다. 어머니의 치성 덕분에 무사히 고비를 넘기고 잘 자라서 지금의 내가 되었다. 철이 든 후로도 몇 차례 고비는 있었으나 이젠 누구보다 건강한 몸으로 살고 있다.

어머니 보고 싶어요. 세월이 갈수록 어머니가 더욱 보고 싶어요. 우리 언제 다시 만날 수 있을까요? 세상일 마무리 짓고 찾아뵙는 날 반갑게 다시 만나요. 생전에 좀 더 자주 찾아뵙지 못한 게 너무 아쉬워요. 다시는 돌아오지 않는 지난 세월이 너무나 한스러워요.

어머니, 우리 다시 뵐 수 있겠죠? 꼭!

2025년 2월 ○일

가깝고도 먼 사이. 자식과 부모의 관계가 아닌가 싶다.

가장 가까워야 할 사이인데 가장 멀어지는 사이가 되는 것 같다. 서로 마음을 닫고 살아간다는 게 쉬운 일이 아니다.

각자의 기대와 자기중심적인 생각이 서로를 있는 그대로 볼 수 없게 만든다. 실망과 원망을 넘어 증오를 낳을 수도 있다.

내가 보고 싶은 것만 보려 하고, 내가 듣고 싶은 말만 들으려 하고, 내가 하고 싶은 말만 하면서 살아가길 원한다. 내가 바라는 것만 이뤄지길 바라면서 살아가게 된다.

있는 그대로를 보고, 상대가 볼 수 없는 것을 보아주고, 상대가 듣지 못하는 것을 들어주고, 상대가 할 수 없는 말을 하여주는,

상대가 바라는 것을 이뤄주는 마음으로 살아가면 좋겠지만, 그리될 수 없는 것이 우리의 마음이고, 이기심이다.

2025년 3월 ○일

내가 살아온 인생의 창을 통해 세상을 본다. 더 많은 경험이 더 넓은 세상을 보게 하고, 더 깊은 생각을 하게 만든다. 세상의 진실과 마주하면서 살아가는 것이 내게 힘이 되고 내 마음을 단단하게 잡아주고 있다. 나는 조금씩 더 자라고 내 존재의 의미는 더 깊어진다.

오늘도 나는 진실의 창으로 세상을 바라보고, 세상을 향한 한 줄기 따뜻한 바람이고 싶다.

소용돌이처럼 휘몰아쳐 오는 세상의 바람이 불고 있다.

나는 세상의 바람을 맞으며, 그 바람 속에서 따뜻한 향기를 맡으려 한다.

세상의 어떤 일로도 실망하지 않기를 바란다.

인생 마침표

번잡했던 삶을 마무리하고 떠나야 할 날이 가까워져 오고 있다. 이 세상을 떠날 때 나는 어떤 마침표를 찍을까?

젊을 때는 넘치는 게 시간이었다. 남아도는 시간을 허둥대며 보낸 날도 많았다. 그러나 이젠 하루하루가 소중하고, 한순간도 무의미하게 흘려보낼 수 없다. 눈뜨는 시간부터 잠드는 시간까지 알찬 하루를 보내고 있다.

내게 주어진 남은 시간, 다른 사람을 원망하거나 시기하지 말고, 분에 넘치는 것을 원하거나 남의 것을 탐내지 말고, 나쁜 생각을 하지도 말고, 좋은 글을 읽고, 따뜻한 생각을 하며, 아름다운 것으로 마음을 채우면서 살다가 떠나고 싶다.

열정을 다해 진실한 삶을 사는 게 내가 원하는 삶이다. 지나간 삶에 미련 두지 말고, 남은 세월 동안 후회할 일도 만들지 않아야 한다. 몸은 힘들어도 마음을 다치는 일은 없어야 한다. 울다가 웃다가, 아픈 마음도 달래가며 살아가고 싶다. 걷다가 쓰러지면 다시 일어서고, 힘들면 한숨 돌려가며 살아가면 된다. 스스로 가슴에 생채기를 내지 말고, 마음을 혼탁하게 하지도 말아야 한다. 길어야 백 년 세월인데 마음 너무 상하지 말고, 다른 이들 마음을 상하게도 말자. 그러다가 운명의 시간이 오면 가벼운 마음으로 떠나리라.

날이 가고, 달이 가고, 계절이 바뀌고, 세월이 흐른다. 풀과 나무가 계절 따라 옷을 갈아입고, 물과 바람과 구름이 흐르고, 달과 별과 해도 흐른다. 나도 이들처럼 흐른다. 때가 오면 떠나는 것, 어찌 이 흐름을 거역하겠는가? 때로는 눈비를 맞고, 때로는 햇빛 속을 걸으며 지나온 날들이지만 돌아보니 모두가 축복의 날들이었다.

미국에서 질병으로 고통받는 사람들을 대상으로 설문조사를 하였더니 몸이 불편해도 오래 살기를 더 바랐고, 건강한 몸을 얻기 위해 수명을 줄여야 한다면 한 달 정도라면 받아들이겠다는 답을 얻었다고 한다. '개똥밭에 굴러도 이승이 낫다.'라는 우리의 속담과도 다르지 않다. 그러나 아무리 원해도 주어질 수 없는 게 영생이고, 내 뜻대로 할 수 없는 게 수명이다. 너무 일찍 불행하게 떠나는 안타까운 인생들도 있지만, 길게 살아도 백 년을 넘기기가 쉽지 않다. 그런데도 우리는 아웅다웅하며 살아갈 때가 많다.

    모든 삶에는 의미가 있다. 모든 생명에는 존엄과 가치가 있다. 미물도 그러할진대 하물며 사람의 생명은 말할 나위도 없다. 누구의 생명인들 소중하지 않으랴? 다만 스스로 생명의 가치를 포기하는 자는 아무리 그 목숨이 소중할지라도 존귀함을 받을 수 없다. 세상에 덕을 베풀지는 못할지언정 악을 끼치지는 말아야 한다. 더 많은 소중한 생명이 비참하고 무가치하게 버려질 수 있기 때문이다.

    가끔은 자신을 한 번씩 돌아볼 필요가 있다. '나는 의미 있는 존재인가?', '내가 이 세상의 조화를 깨뜨리고 있지는 않은가?' 살아온 날들의 의미를 생각해 보고, 남은 날들을 어떻게 살아갈 것인지 살피는 시간을 가지는 게 좋다. 사소한 일에 마음을 빼앗기지 말고, 자신의 마음을 불편함으로 채우지 않아야 한다. 세상을 즐기듯이 살고, 물고기가 물속을 헤엄치듯 살아가되, 세상과 조화를 이루는 지혜를 익혀야 한다. 열심히 삶을 누리되, 그 열성이 자신과 남에게 고통을 끼치는 일은 없어야 한다.

그렇게 살다가 마지막 순간이 오면 후회스럽지 않고, 애틋함이나 아쉬움 없이 충만함을 안고 떠날 수 있다면 그보다 좋을 수는 없다. 하늘이 오라 하면 가볍게 훌훌 털고 떠나리라. 뒤돌아보지 말고 그냥 그렇게 갈 것이다. 내세가 없어도 좋고, 설혹 내세가 있을지라도 먼저 가신 부모님 앞에 열심히 살다가 왔노라고 말씀드리고 싶다. 절대자 앞이라도 부끄럽지 않았으면 좋겠다.

큰 숨 한 번 들이쉬고 "잘 살았다!" 한마디 내뱉으며 내 인생 마침표를 찍고 싶다.

인생, 별거더냐

'인생 별거더냐? 그래, 내 인생 참 별거였다.'
새벽녘 꿈속에서 혼자 주고받던 말이다.

지나온 날들이 모두 아름답고 소중한 보물이었다. 지금 손으로 잡을 수는 없지만, 내 마음속에 귀한 보석이 되어 기쁨을 안겨주고 있다. 아무리 힘들고 고달팠던 기억도 지금은 소중한 추억이 되어 내 마음에 아름다운 수를 놓는다. 그 시절 그 추억이 없었더라면 내 삶이 얼마나 황량한 사막 같은 인생이 되었을까? 그리운 시절, 지나간 얼굴들이 내 마음 곳곳에서 빠꼼이 얼굴을 내민다. 이 어찌 반갑고 기쁘지 않을쏜가!

어떤 인생에나 소중한 순간들이 있다. 이미 지나간 세월 속에도 있고, 다가올 미래에도 있으리라. 그 소중한 순간들을 돌아보며 자기 삶의 가치를 깨닫고 남은 삶에 대하여도 순간순간 소중함을 키워간다면 인생은 더 많은 소중함으로 채워질 수 있다. 스스로 자기 삶의 소중함을 알지 못한다면 세월을 낭비하는 인생이 될 수밖에 없다.

자기 삶의 가치는 자신이 결정짓는다. 내 몸과 마음을 스스로 소중히 여기면 소중한 존재가 되고, 하찮게 여기면 하찮은 존재가 된다. 내가 나를 하찮게 다루는데 나를 소중히 여겨줄 사람은 없다. 자기의 몸에 해를 끼치고 험하게 다루면 몸이 망가지는 길이요, 자기 마음을 더럽히고 죄를 지으면 자신의 인격과 정신이 망가지는 길이다. 막 굴리는 몸과 마음이 된다면 초라함을 면할 수 없다. 지나친 음주와 흡연, 몸을 해치는 약물 복용은 내 몸을 망가뜨리는 짓이요, 거짓과 증오, 흉포한 생각들은 자신의 마음을 망가뜨리는 일이다. 결과는 모두 자신이 져야만 한다.

화려한 삶, 물질적 가치가 아니라 진실과 따뜻함이 담긴 성실한 삶을 살아야 한다. 내가 나를 귀하게 여기고 자신을 소중히 다루는 것과 스스로 교만해지는 것은 의미가 다르다. 자기의 몸과 마음을 지키는 것은 자신의 책임이다. 올바른 식사와 적당한 운동으로 건강한 몸을 만들고, 바른 생각과 좋은 글을 읽으며 마음을 가다듬어 올바른 행동으로 이끌어야 한다.

내게 주어지는 모든 시간이 소중하다. 그중에 가장 소중한 시간은 바로 이 순간이다. 마음먹은 대로 스스로 뭔가를 할 수 있는 시간이기 때문이다. 지금 순간에 최선을 다한다면 내게 주어지는 모든 시간이 최고의 시간으로 채워질 수 있다. 내 인생 모두가 최선의 삶이 된다. 과거에 연연해할 필요는 없다. 이미 흘러간 시간은 되돌리지 못한다. 미래의 시간도 앞당겨서 염려할 필요가 없다. 그냥 지금 순간에 충실하다 보면 미래는 저절로 따라온다. 오늘 이 시간을 바르게[眞], 열심히[誠], 따뜻하게[溫] 산다면 더 바랄 것이 없다.

젊은 날에는 알 수 없었던 시간의 의미와 인생의 가치를 나이 들어서야 깨닫는다. 한없이 긴 세월이 주어진 줄 알았는데 지나고 보니 꿈 같이 흘러간 세월이었다. 지나간 날에 비하면 남은 날들은 너무도 짧은 시간이지만 지난날과는 비할 수 없이 소중하다. 하루하루가 금싸라기처럼 값지고 귀하다. 사는 동안 지치고 피곤한 날들, 슬픔과 고통이 지배하는 날들이 올지라도 살아 있음을 다행으로 여겨야 한다. 뒤에는 희망이 기다리고 있기 때문이다.

물처럼 흘러가는 인생, 그냥 열심히 살면 된다. 크게 욕심내지도 말고, 헛된 것을 쫓을 필요도 없다. 억지로 꾸밀 것도 없고,

힘들게 가릴 이유도 없다. 물길 가는 대로 따라서 흐르다가 멈춰지는 그곳에 나도 머물리라. 다만 부끄럽지 않은 모습이기를 바란다.

  내 인생, 내게는 정말 별거였다.

* 별거: '특별한 것' 혹은 '별난 것'을 편하게 줄인 말

5부

흔들리는 세상을 향해

노년의 아름다움

신생아와 유아기에서 시작하여 청소년기와 장년기를 거쳐 노년에 이르기까지 인생에는 저마다의 아름다움이 있다.

신생아와 유아에게는 하늘이 내린 특별한 아름다움이 있다. 봄의 기운을 타고 솟아 나오는 풀과 나무의 여린 새싹과 실처럼 살랑거리는 작은 물고기와 갓 태어나 꼬물거리는 가냘픈 동물에게는 어린 생명에게 주어지는 신비한 아름다움이 있다. 때로는 적에게도 자비심을 품게 하는 아름다움이다. 인간 역시 그러하다. 어린아이의 천진난만한 미소 앞에 무너지지 않을 사람은 없다. 보는 이에게 자비심을 불러일으켜 연약한 새 생명을 살아남게 하려는 하늘의 배려이다.

청소년에겐 꽃처럼 피어나는 싱싱한 아름다움이 있다. 바라보기만 해도 가슴을 뛰게 하는 눈부신 아름다움을 대하면 그 앞에 무릎이라도 꿇고 싶다. 싱그러움이 넘치는 청춘의 아름다움이 미소를 머금으면 반하지 않을 사람이 없다. 미래를 향해 젊은이가 뿜어내는 꿈과 도전의 눈빛은 찬란한 무지개와 같다. 아름다운 외모에다 선한 마음, 지적인 아름다움을 더하면 청년은 보석처럼 빛나는 존재가 된다.

장년에게선 강함과 부드러움이 조화를 이룬 아름다움을 볼 수 있다. 툭 불거진 근육과 그 위를 타고 흐르는 핏줄, 거기에 구슬 같은 땀방울이 더해지면 장년의 아름다움은 진실 그 자체이다. 가정과 사회의 짐을 지고 묵묵히 걸어가는 장년에겐 누구나 기대고 싶을 만큼 믿음직스러움이 있다. 정직한 눈빛으로 현실을 직시하며 세파를 헤쳐나가는 장년의 의지는 보는 이를 감탄케 한다.

노년이 되면 하늘이 내린 육체의 아름다움은 오래된 겉옷처럼 낡아지고, 삶을 통해 다듬어진 정신의 아름다움으로 새 단장을 하게 된다. 외모의 아름다움을 벗어버리고 무형의 아름다움을 입는 일이다. 밖에서 주어지는 가치가 아니라 살아온 세월만큼이나 스스로 만든 내적 가치로 채워지게 된다. 완성된 인격으로 채워진 노인은 신에 근접하는 존재일 수도 있다. 현세에 대한 미련을 뒤로하고 미지의 세계를 향해 나아가는 자유로움도 있다.

노인의 얼굴에 물결처럼 흐르는 주름은 어느 조각가의 솜씨보다 섬세하고 정교하다. 그 속에는 살아온 세월만큼 모든 과거가 새겨져 있고, 수많은 경험을 통해 익힌 삶의 지혜가 담겨 있다. 노인의 지혜는 물질로 헤아릴 수 없는 소중한 가치를 지닌다. 땀과 눈물로 살아온 세월만큼이나 세상을 이해하고 공감하는 여유가 있다. 독서와 사색을 통해 다듬어진 지성의 눈빛이 더해지면 세상사를 뚫어 보는 통찰력을 지닐 수도 있다. 육신은 휘청거려도 정신은 넘볼 수 없는 강건함을 보인다.

'노인 한 사람의 죽음은 도서관 하나가 불타는 것과 같다.'라는 아프리카 속담이 있다. 한 사람의 노인이 평생 쌓아 올린 지식과 지혜를 두고 일컫는 말이다. 그러나 요즘처럼 혼란스러운 세상에서 그 같은 인물이 얼마나 될까? 육체의 아름다움은 진작 사라졌는데, 영혼의 아름다움마저 갖추지 못한다면 초라한 노년이 될 수밖에 없다. 헛된 욕망과 세상의 찌든 때로 덧입혀진 노년이 되지는 말아야 한다. 아집에 사로잡혀 세상일에 간섭하려 들지 말고, 말로만 외치는 노년도 되지 않아야 한다. 분에 넘치는 일을 삼가고 스스로 자신을 다스릴 수 있는 노년이어야 한다.

삶이 본이 되고 내적인 아름다움이 샘물처럼 솟아날 때 '참 노인!'이라 불러도 좋으리라. 아침 햇살 같은 신선함이 사라지고, 한낮의 태양처럼 불타는 화려함은 없어도, 석양에 저물어 가는 저녁노을 같은 노년이기를 기대해 본다. 세상을 떠난 후 사모하는 이들이 있어 그들 마음속에 잔잔한 그리움을 자아낼 수 있다면 이보다 아름다운 노년은 없다.

너 자신을 알라

'너 자신을 알라.'

감히 철학적인 언어를 말하려는 게 아니다. 세상살이에 도움이 될 처세술에 대해서 하고 싶은 말이다.

세상을 살아가려면 알아야 할 것들이 너무 많다. 태어나는 순간부터 끊임없이 뭔가를 배우고 익혀야 한다. 많이 알수록 생존에 유리해지기 때문이다. 그런데 그토록 많이 알려고 하면서도 정작 알아야 할 것은 모르는 이들이 많다. 바로 자기 자신에 관한 것이다.

자기의 존재가치를 높이고 성공적인 삶을 위해 자신에 대해 꼭 알아야 할 두 가지가 있다.

첫째, '내가 가장 잘할 수 있는 것은 무엇인가?' 자신에게는 장점이 없다고 생각하는 사람들이 있다. 어떤 사람이든 단점보다는 장점이 훨씬 많다. 다만 자신의 장점을 알지 못해 그 가치를 충분히 드러내지 못할 뿐이다. 자신이 가장 잘할 수 있는 것, 자신을 가장 빛내 줄 수 있는 것을 알고, 그것을 최대한 살려야 한다. 품성이든, 재능이든 자신의 장점이 무엇인지 빨리 알아낼수록 좋다.

둘째, '나의 약점은 무엇인가?' 특히 우리는 인간이기에 아무리 장점이 많고 뛰어난 사람이라 해도 단점이 없을 수는 없다. 때로는 결정적인 단점 하나가 자신이 가진 모든 장점을 덮어버릴 수도 있다. 단점 하나 때문에 발목 잡혀 비참한 존재로 전락하는 예를 우리 주변에서 얼마든지 볼 수 있다. 절대 그런 일이 일어나지 않게 하려면 자신의 최대 단점이 무엇인지를 알아야 한다. 그것만 해결할 수만 있다면 자신의 가치는 몇 배나 더 높아질 수도 있다.

때로는 단점이 아니라 자기가 믿던 장점에 걸려 넘어지는 수가 있다. '원숭이도 나무에서 떨어지는' 격이다. 대부분 교만으로 인해 생기는 일이다. 겸손하지 못하면 장점이 도리어 화가 될 수 있다. 게으름이 기존의 장점을 무너뜨리거나 단점에서 벗어날 수 없게 만들기도 한다. 뛰어난 인물로 평가되던 사람이 평범한 모습으로 바뀌는 예를 가끔 보게 된다. 교만이나 게으름 때문에 일어나는 일이다.

그런데 우리가 겪는 어려움은 장점이 아니라 단점을 몰라서 문제가 되는 경우가 훨씬 더 많다. 사람들은 자신의 단점을 외면하거나, 스스로 인정하지 않으려 한다. 자신을 더 아프게 하는 것은 단점이기 때문이다. 그러나 자신의 단점을 알지 못하면 언제든 그 단점에 걸려 넘어질 수 있다. 그런 점에서 장점보다 단점을 더 잘 알아야 한다. 그래야만 단점에서 벗어날 수 있고, 잘하면 단점을 장점으로 바꿀 수도 있다. 하지만 스스로 변하려는 노력 없이 단점이 장점으로 바뀌는 일은 없다.

장점에 걸려 넘어지거나, 단점이 자신을 침몰시키지 않도록 해야 한다. 장점에 걸려 넘어지지 않으려면 겸손해야 하고, 단점을 장점으로 바꾸려면 성실한 노력이 따라야 한다. 눈에 보이지 않는 변화를 꿈꾸는 사람이 되어야 한다. 한술 밥에 배부를 수는 없다. 목표 의식을 갖고 꾸준히 노력하고 인내하다 보면 미세한 변화가 쌓여 더 나은 인물로 거듭날 수 있다. 우리는 주위에서 놀라운 변화가 일어난 사람들을 가끔 보는 수가 있다. 소위 괄목상대하게 되는 경우이다.

나의 최대 약점은 게으름이었다. 어려서부터 몸이 약해 요령을 피우려고 한 적이 많았으나 농사일은 요령으로 되는 게 아니었다. 일이 싫어서 시골을 뛰쳐나올 수밖에 없었다. 그러나 게으름은 항상 나를 따라다녔고, 그로 인해 자책하며 보낸 날도 많았다. 그래서 남들보다 조금만 더 부지런한 사람이 되려고 애를 쓰다 보니 지금은 누구보다 부지런한 사람이 되었다. 눈을 뜨는 순간부터 잠드는 시간까지 끊임없이 뭔가를 한다. 날마다 아침 일기를 쓰고, 종일 환자를 보고, 저녁에는 짬을 내어 땀 흘리며 운동하고, 틈틈이 책을 읽고, 글을 쓰고, 생각을 다듬으며 하루를 보낸다. 좀 더 일찍 게으름을 떨궜더라면 좋았을 텐데 많이 아쉬운 건 사실이다. 그래도 아주 늦지는 않아서 얼마나 다행인지 모른다.

더불어 사는 세상

세상을 살다 보면 참 괜찮은 사람들을 만날 때가 있다. 힘든 세상살이 중에도 마음이 한결 흐뭇해지는 일이다.

15년이 지났지만 지금도 생생하게 떠오르는 모습이 있다. 그날은 광복절이라 오전 진료만 하는 날이었다. 출근을 위해 주차장으로 내려갔더니 조수석 뒤쪽 타이어에 바람이 빠져 반쯤 내려앉아 있었다. 조심스레 차를 몰고 출근하여 진료를 마치고 진양삼거리에 있는 '타이어뱅크'를 찾았다. 매장 입구에서 만난 직원에게 얘기했더니 이전에 타이어를 교체했던 곳이라 수리비 5천 원은 받지 않는다며 사무실에서 기다리면 먼저 온 차들을 손본 다음 봐주겠다고 했다.

웬만큼 시간이 흘러 밖으로 나오니 아직도 그는 뜨겁게 달궈진 아스팔트에 등을 붙이고 다른 차를 보는 중이었다. 내 차 옆으로 가서 타이어를 살피는 중에 그가 다가왔다. 많이 지쳐있을 줄 알았던 내 예상과 달리 그는 땀에 흠뻑 젖은 얼굴 위로 환한 미소를 지으며 많이 기다리게 해서 미안하다며 거듭 사과했다. 수리비도 받지 못할 내게 그렇게까지 친절할 필요는 없었는데…. 그는 바퀴를 이리저리 돌려보더니 깊숙이 박혀있는 나사못 하나를 찾아냈다. 그가 수리를 시작하는 것을 보고 나는 가까운 슈퍼마켓으로 달려갔다. 아이스크림 칠천 원어치를 사 들고 와서 동료 직원들과 나눠 먹으라는 말과 함께 수리를 마친 그의 손에 들려주고는 기분 좋게 집으로 향했다. 언젠가는 저 친구를 내 병원의 직원으로 데려와야겠다는 생각과 함께.

  하지만 얼마 후 병원을 키우게 되어 '타이어뱅크'를 찾았을 때는 그를 만날 수가 없었다. 그 자리에 큰길이 나는 바람에 회사가 어디론가 이사를 가버렸기 때문이다. 지금도 그때의 광경이 눈앞에 그려진다. 땀에 젖어 벌겋게 달아오른 얼굴 위로 흐르던 밝은 미소와 듣기만 해도 기분 좋게 하던 말씨, 귀찮은 존재랄 수도 있는 나를 최고의 고객으로 맞아준 그를 생각하면 정말 아쉬운 마음이 든다. 여전히 그는 어딘가에서 누군가에게 신임받으며 환한 얼굴로 신나게 일하고 있을 것이다. 당연히 그에게는 더 큰 기회가 주어졌으리라.

10여 년 전 월요일 아침 출근 시간에 황령터널의 문현동 쪽 출구를 빠져나오는 순간 갑자기 차가 멈춰버린 적이 있었다. 자물쇠로 잠가버린 것처럼 한 바퀴도 더 움직이지 않았고 전기조차 들어오지 않아 깜빡이도 켤 수 없었다. 나중에 알고 보니 제너레이터(발전기)가 고장 난 경우였다. 휴대전화로 보험회사에 연락은 했으나 견인차가 언제 도착할지는 알 수 없었다. 추돌사고를 막기 위해 터널 안으로 들어가 달려오는 차들을 향해 손수건을 흔들며 수신호를 하였다. 많은 운전자로부터 삿대질을 받아야 했다.

그때 승용차 한 대가 내 차 뒤에 멈춰서더니 나이 지긋한 신사 한 분이 내려서 내게로 와서 차를 앞으로 좀 더 빼서 바깥으로 붙이면 굴 안에서 수신호를 할 필요도 없고 다른 차도 지나갈 수 있으니 함께 밀어 보자고 했다. 둘이서 온 힘을 다해 밀었지만 차는 꿈적도 하지 않았고 그분은 그냥 떠날 수밖에 없었다. 시야에서 멀어지는 그분의 뒷모습을 보면서 '명함이라도 받아두었더라면 나중에 고맙다는 말이라도 전할 수 있을 텐데…' 하는 아쉬움이 들었다. 바쁜 출근길에 다른 사람을 배려할 수 있는 마음을 지닌 사람이라면 그가 어떤 인물인지는 말할 필요도 없다. 그는 백 점짜리 인생을 살아가는 사람일 테니까.

십수 년 전 메가마트 앞, 광안대교 진입로 근처 교차로에서 있없던 일이다. 비바람에 쓰러진 나무가 보행자 건널목을 가로막고 있었다. 신호대기 중에 보니 모든 보행자가 돌아서 길을 건너고 있었다. 그때 한 젊은이가 나타나 힘겹게 나무를 옆으로 옮기는 것을 보았다. 그는 환경미화원도 아니었고, 그 역시 길을 가고 있던 한 사람이었다. 누가 시키지도 않았고, 자신이 꼭 해야 할 일이 아닌데도 그렇게 하는 사람이라면 그가 어떤 일을 하든 그는 성공할 수밖에 없다. 나이는 젊지만 이미 그는 다른 사람들과는 큰 차이를 가지고 세상을 살아가고 있기 때문이다. 작은 수고, 약간의 손해는 인생에 마이너스가 아니라 더 큰 플러스가 될 수 있다.

아내와 결혼하기 전인 1982년 10월 마지막 날이었다. 전날 전주에서 열린 학회에 참석하였다가 새벽 열차로 부산역에 도착하여 아내를 만났다. 역 앞 아리랑관광호텔 예식장에서 아내 친구의 결혼식이 있던 날이라 예식장 옆 건물 2층 다방에서 얘기를 나누다가 아내는 친구의 결혼식에 가고 혼자 자리를 지키던 중이었다. 갑자기 주방 쪽에서 '펑!' 하는 소리와 함께 불길이 솟아올랐다.

비명을 지르며 밖으로 뛰쳐나가는 사람들 뒤를 따라 나가려던 순간, 다급한 외침이 들려 돌아보니 옷에 불이 붙은 한 남자가 주방 안에서 펄쩍펄쩍 뛰고 있었다. 그때 맞은편 벽 밑에 있는 소화기가 눈에 들어왔다. 급히 들고 가서 주방장의 몸에 붙은 불을 끈

다음 천장과 주변 집기로 번지던 불길을 향해 소화기를 분사하였다. 불길이 잡힌 후에 마담과 함께 사람들이 들어왔다. 마담을 시켜 주방장을 병원으로 보낸 다음 내 꼴을 보니 행색이 말이 아니었다. 미끈거리는 흰 액체가 머리부터 발끝까지 뒤덮고 있었다. 소화액 일부가 배출관의 찢어진 틈새로 새어 나온 탓이었다. 그 당시 다방에서 많이 사용하던 알코올버너 폭발 사고였고, 요즘은 볼 수 없는 포말소화기를 사용하던 때의 일이었다.

양복은 벗어 세탁소에 보내고 주방장의 운동복을 걸치고 있다가 결혼식에서 돌아온 아내에게 자초지종을 설명하였다. 내 말을 들은 아내는 기가 막힌 표정을 지으면서 '제발 무모한 짓 하지 말라'며 걱정 겸 책망을 하였으나 그 일을 통해 겁쟁이 같았던 내가 용기를 배우게 된 것은 사실이다.

치열한 경쟁 속에서 살아가야 하는 처지에 다른 사람을 배려한다는 것은 결코 쉬운 일이 아니다. 그럼에도 우리는 남을 배려하는 태도를 지닐 필요가 있다. 혼자 사는 사회가 아니라 더불어 살아가는 사회이기 때문이다. 혼자 세상을 살아가는 것보다 어울려 살아가는 삶이 더 쉽다. 적과 함께 살아가는 것보다는 동지와 함께하는 세상살이가 훨씬 더 쉽다. 궁지에 처한 사람을 외면하지 말고, 더불어 사는 사회가 되었으면 좋겠다.

목숨보다 소중한 것

얼마 전 가까운 지인 중에 건강을 비난하여 스스로 목숨을 끊은 이가 있었다. 나중에야 소식을 전해 듣고 참담한 심정을 금할 수 없었다.

한 번쯤 내게 털어놓고 하소연이라도 해볼 것이지, 어찌 그리 한마디 말도 없이 가버렸단 말인가? 몸과 마음을 파고드는 참을 수 없는 고통이었다지만, 그렇다고 어찌 죽음을 선택했단 말인가? 그토록 심한 마음의 고통은 왜 나누지 않고 떠났으며, 목숨을 놓는 순간의 그 아픔은 어떻게 감당하였는가? 어린 생명을 남겨두고 홀로 떠나는 그 심정, 눈이라도 감을 수 있었는가? 허공을 향해 묻고 또 물어도 답을 들을 수는 없구나! 수많은 밤을 눈물로 지새웠을 그대의 아픈 얘기를 한 번도 들어보지 못해 아쉽고 안타깝다.

　심한 고통 속에서 죽음의 그림자를 안고 살아가는 사람들이 있다. 언제 죽음이 닥칠지 알 수 없는 몸으로 하루에도 몇 번씩 더 살고 싶은 마음을 접지 못해 가슴 아픈 이들이다. 스스로 움직일 수 없는 병든 몸으로 천장만 쳐다보며 목숨을 이어가는 사람들이 있다. 나을 희망조차 없지만 그래도 좀 더 살고 싶어 애를 태운다. 그들에겐 이 세상에 아직도 자신이 존재한다는 사실이 얼마나 소중한지 모른다.

　그와 달리 스스로 자신을 학대하고, 목숨을 가벼이 여기며, 힘든 일을 만나면 죽음을 먼저 생각하는 이들이 있다. 곁에서 지켜보기만 해도 답답함과 측은함을 넘어 분노가 일 만큼 복잡해지는 감정을 추스르기 어렵다.

　한번 가면 다시 돌아올 수 없는 소중한 목숨인데 스스로 포기하지는 말아야 한다. 포기하려거든 남은 그 목숨 다른 이에게 돌려주기라도 했으면 좋으련만, 누구에게 나눠줄 수도 없고 남의 것을 내 것으로 만들 수도 없는 게 목숨이다. 각자 자기 몫을 살다가 하늘이 부르면 미련 없이 떠나야 한다. 그러나 아무리 짧을지라도 가벼운 목숨은 없다.

　10여 년째 암으로 고통받으며 살아가는 50대 중반의 여자분이 있었다. 자궁암으로 수술을 받았고, 위암으로 다시 수술을 받고, 또다시 유방암에 걸려 폐로 전이되어 항암치료를 받는 분이었다. 자신의 병 때문에 온 것이 아니라 술로 세월을 보내고 있는 남편의 보호자가 되어 나를 찾았다. 누구는 세 번씩이나 죽음 근처를 맴돌며 저토록 살려고 애를 쓰는데, 누구는 멀쩡한 몸을 헌신짝 다루듯이 굴려도 방관하는 하늘의 처사가 불공평해 보인다.

　삶은 기회이며 죽음도 기회이다. 살아있음은 다른 수많은 기회의 문을 여는 무한의 기회지만, 죽음은 모든 기회의 문을 닫는 일생에 한 번밖에 없는 기회이다. 아프고 슬플지라도 살아있어야 위로받을 날이 오고, 억울하고 분통 터지는 일이 있어도 살다 보면 마음 풀고 웃을 날이 온다. 죽음 같은 고통이 몸과 마음을 적실지라도 죽음을 선택하지는 말아야 한다. 0.001%의 기회조차도 사라지는 일이다. 빨리 떠나려고 왜 조급증을 내는가?

　스스로 실패한 인생이라 생각하고 무가치한 삶이라 여기지는 말아야 한다. 자기에겐 한 줌의 가치도 없어 보일지라도 누군가는 미치도록 갖고 싶은 것이 목숨이다. 살아있다는 사실, 그보다 큰 축복은 없다. 삶이 끝나면 모든 게 끝난다. 스스로 끝낼 필요는 없다. 아무리 존귀한 목숨이라도 언젠가는 떠날 날이 온다. 고통스러워도 조급하게 서둘지는 말자. 자신에겐 도피처가 될지 몰라도 그로 인해 누군가는 상처를 안고 수많은 낮과 밤을 보내야 한다. 망각이 약이라지만 그 아픔이 영영 사라질 수는 없다.

  하늘이 내리고 부모가 나눠 준 목숨이기에 내 마음대로 던져 버릴 수는 없다. 이 세상에 목숨보다 소중한 것은 없다.

투 명 인 간

　어릴 적엔 투명 인간이 되고 싶다는 생각을 가져보지 않은 사람은 없을 것 같다.
　투명 인간에 대한 최초의 기록은 기원전 4세기에 플라톤이 쓴 『국가』로 알려져 있다. 마법의 반지를 끼면 투명 인간으로 변하는 목동 '기게스'에 대한 얘기가 나온다. 소설로는 1897년 영국의 조지 웰스가 쓴 공상과학소설 『투명 인간』에 주인공으로 나오는 닥터 '그리핀'이 처음이다. 우리나라에도 도깨비감투를 쓰면 투명 인간으로 변한다는 전래동화가 있다. 동서고금을 막론하고 투명 인간은 우리 인간이 바라던 꿈의 하나였을 것으로 보인다.
　그렇다면 사람들이 투명 인간이 되기를 원하는 이유는 무엇일까? 투명 인간이 되어 개인적인 욕망을 달성하는 게 그들의 꿈이었을까? 위의 이야기에 나오는 사람들은 모두 투명 인간이 되어 악행을 저지르다가 불행해지는 것으로 결말이 난다. 한마디로 '헛된 욕망을 좇으면 다친다.'라는 경고가 담겨 있다. 교훈을 전달하기 위해 투명 인간을 소재로 삼았기 때문이다. 어린 시절 우리가 투명 인간이 되고 싶었던 것도 이야기 속의 주인공들과 같은 마음이었을까? 대부분은 그렇지 않다. 어떤 욕망을 이루거나 악행을 저지르기 위해서가 아니라 신체적 약점을 극복하거나 작은 소망을 이루고 싶은 소박한 마음에서 품은 생각이었다.

아무리 과학이 발달하여도 투명 인간이 될 수는 없다. 그러나 우리 인간에겐 정말 투명해졌으면 하는 부분이 있다. 우리를 이루는 두 영역인 몸의 세계와 마음의 세계 중에 마음의 세계는 투명해질 수 있다. 몸은 불가능한 일이지만 마음은 가능하리라 믿는다. 몸이 투명해지면 범죄자가 넘치는 세상이 되겠지만, 마음이 투명해지면 선한 사람들로 가득한 세상이 될 것이다. 하지만 '열 길 물속은 알아도 한 길 사람 마음속은 알 수 없다.'라는 속담처럼 우리 마음속엔 숨기고 싶은 게 너무 많다. 누구나 쉽게 마음이 투명해질 수 없는 이유이다. 온전히 자신을 드러내는 사람들이 흔치 않은 것만 봐도 투명한 마음을 가진다는 게 쉽지는 않은가 보다. 진정한 투명 인간이 되려면 그만큼 노력을 기울여야 한다. 우리가 모두 골짜기에 흐르는 작은 물길만큼만 맑아도 좋으련만….

우리의 마음이 투명해질수록 세상살이는 훨씬 수월해질 것은 분명하다. 불필요한 오해가 생기지 않아 미리 충돌을 피할 수 있고, 상대방의 마음을 살펴 서로 배려하며 살아갈 수 있기 때문이다. 우리 마음의 투명도가 높아질수록 서로를 신뢰하게 되고, 더 살기 좋은 세상이 올 것이다. 그때는 누구나 얼굴보다는 마음을 꾸미는 일에 더 많은 시간과 노력을 기울이게 되고, 선하고 아름다운 마음을 가지려고 애쓸 테니까.

근래 들어 말과 행동이 다르고, 표정은 웃고 있으나 속내를 알 수 없는 사람들이 너무 많다. 속마음을 짐작조차 할 수 없는 사람들이 세상을 어지럽히고 있다. 감춰진 그들의 모습이 우리 마음의 레이더에 잡히지 않기를 바라는 소위 '스텔스 인간'이 되기를 원하는 것 같다. 수많은 눈이 그들을 지켜보며 진실을 밝히려 하지만 진실은 좀체 드러나지 않는다. 밝혀진 사실조차 온갖 거짓으로 가리려 하고 궤변을 늘어놓기도 한다. 하지만 시간이 흐르면 아무리 '스텔스 인간'이라도 '투명 인간'이 될 수밖에 없다. 언젠가는 진실이 드러날 때가 온다.

갈수록 세상이 혼탁해지고 악취가 풍겨오는데도 그들의 모습에 환호하는 사람들이 있다는 사실 또한 불가사의한 현상이다. 요즘은 집단 가운데서 존재감이 드러나지 않는 사람을 가리켜 '투명 인간'이라 일컫기도 하지만 해학적이기는 해도 바람직한 표현으로 볼 수는 없다.

투명한 마음을 가진 이들이 늘어나서 더 살기 좋은 세상이 되었으면 좋겠다. 서로 신뢰하는 세상, 맑은 마음이 오가는 세상이 오기를 기대해 본다.

시련에 대하여

　예년에 없던 더위가 기승을 부리고 비 한 방울 쏟아질 것 같지 않던 하늘이 지난밤 갑자기 검게 변하더니 폭우가 쏟아져 내렸다. 오늘은 맑은 하늘을 보지 못할 줄 알았는데 언제 비가 왔냐는 듯 맑게 갠 하늘이다.
　우리의 인생도 날씨와 같다. 맑은 날이 있다가 흐린 날이 될 수 있고, 살을 에는 찬 바람이 불다가 따스한 봄바람이 불어올 수도 있다. 마른하늘에 날벼락이 떨어질 수도 있고, 먹장구름을 뚫고 햇살이 고개를 내밀 수도 있다. 맑은 하늘을 보고 길을 나섰다가 소나기를 맞을 때도 있고, 울적한 기분에 길을 나섰다가 산들바람 속에 꽃향기를 맡을 수도 있다. 세상은 내가 원하는 대로 흘러가지 않는다.

동정은 입안에 녹는 사탕과 같다. 달콤한 맛은 세상을 행복하게 만든다. 하지만 배고플 때의 사탕은 잠시 고픈 배를 달랠 수는 있으나 양식이 될 수는 없다. 동정 역시 잠시 위로는 될지언정 시련으로부터 구해줄 수는 없다. 동정에 길게 사로잡히면 그 늪에서 빠져나오기 어렵다. 동정에 매달려 시련을 벗어날 수는 없다. 시련을 극복하려면 스스로 강해져야만 한다. 때론 세상살이 힘들고 지칠지라도 세상으로부터 동정을 기대하는 것은 어리석은 짓이다. 시련이 오거든 소낙비가 지나가길 기다리듯 때를 기다릴 줄 알아야 한다. 세상은 나 하나를 위해 손을 내밀지 않으며, 나만을 위한 세상도 없다. 세상은 변화무쌍하게 흘러가는 것이며, 모두를 위해 존재하는 것이다. 내가 원하는 세상은 스스로 만들어 가야 한다.

　힘겹고 복잡한 세상의 틈바구니에서 살아남으려면 시련을 고통이 아니라 훈련으로 받아들여야 한다. 아이가 걸음마를 배우듯 넘어지면 일어서고, 다시 넘어지면 또다시 일어서기를 반복하다 보면 튼튼한 두 다리로 달음박질하는 날이 온다. 시련으로 인해 잠시 좌절에 빠질 수는 있으나 그 속에 오래 머물지는 말아야 한다. 지푸라기 잡는 심정이라 할지라도 좌절의 늪에서 벗어나는 자가 되어야 한다. 설혹 구원의 손길이 뻗어온다 해도 눈 감고 허우적거리는 자를 구해줄 수는 없다. 세상이 돕기를 바라거든 열린 마음과 맑은 눈으로 세상을 바라보아야 한다. 마음이 어둠으로 닫히고, 눈물로 시야가 가려지면 구원의 손길을 알아볼 수 없다. 밖에서 오는 동정에 자신을 기대지 말고 안에서 일어나는 긍정에 자신을 실어야 한다. 지쳐가는 자신을 보지 않으려면 긍정의 힘을 길러야 한다. 때론 세상이 잔인할 수도 있다. 그래도 스스로 헤쳐나와야 한다.

하나를 잃었다고 모두를 잃은 것으로 여기지 말아야 한다. 아직도 가진 것은 많고 알지 못해 등 뒤에 버려둔 것들도 있다. 정말 억울한 것은 손 한번 쓰지 않고 패배를 인정하는 것이다. 많은 것들을 품에 안고 패배를 인정하는 어리석음을 범하지는 말아야 한다. 현실을 인정해야 한다. 부정한다고 사실이 달라질 수는 없다. 목숨이 붙어있는 한 틈새를 비집고 나와 자신의 갈 길을 찾아야 한다. 지나간 일을 곱씹는 것은 어리석은 자의 몫이다. 하나를 잃은 후에 더 많은 것을 얻을 수도 있다.

이미 닥친 일은 어떤 방법으로도 되돌릴 수 없다. 남은 것은 헤치고 나오는 끈기가 필요할 뿐이며, 그것은 오직 자기 자신만이 할 수 있는 일이다. 누구도 대신하여 줄 수 없고, 아무리 가까운 사이라도 작은 도움 이외는 해줄 수 있는 게 없다. 스스로 노력하지 않으면 기관실에 갇혀 침몰하는 일만 남는다.

시련이 없으면 성취도 없고 시험이 없으면 성공도 없다. 시련은 아무에게나 주어지지 않는다. 시련은 기회이다. 시련을 값지게 하는 것은 시련을 겪는 자의 마음에 달렸다. 좌절하지 말고, 시련이 주는 가르침을 놓치지 말아야 한다. 먹장구름 위에는 밝은 하늘이 있다.

많은 시련을 거쳐 여기까지 왔기에 나는 지금 이 말을 할 수 있다. 지난날 내게 주어졌던 시련들이 얼마나 소중한지를 나는 알고 있다. 그토록 한숨짓고 고통스럽게 여겼던 시련들도 지나고 보니 새털처럼 가벼웠고, 어느새 나는 강한 자가 되어 있었다. 지금 네가 겪고 있는 시련이 장차 너에게도 큰 축복이 될 것임을 믿는다.

시련에 빠진 ○○에게 직접 전할 수 없는 말을 글 속에 담아 본다.

인
간
과 창
조
력

    가끔 한 번씩 궁금한 생각이 들 때가 있다. 인간이 지닌 능력의 한계는 어디까지일까?

    인간의 창조적인 능력은 끝을 알 수가 없다. 마음만 먹으면 무엇이든 만들어 낼 수 있는 존재가 인간이다. 신은 생각지도 않은 것을 인간은 만들어 낸다. 어쩌면 신에 버금갈 만큼 창조적인 재능을 지닌 것도 같다.

    인간이 이토록 대단한 존재였단 말인가? 모든 생명체 중에 인간만이 창조적인 재능을 지니게 된 배경은 무엇일까? 인간이 이처럼 창조적인 재능을 발휘하게 된 배경은 언어와 문자와 부호의 사용과 관련이 있을 것 같다. 혼자서는 불가능한 일이라도 함께라면 가능하고, 지금은 할 수 없는 것도 시간이 흐르면 이루어

낸다. 말과 글과 부호를 통해 생각과 뜻과 지식을 서로 나누게 되면서 일어난 일이다. 머릿속에 떠오르는 것은 무엇이든 만들 수 있는 탁월한 재주를 지닌 존재가 인간이 아닌가 싶다.

인간이 꿈을 꾸고 상상의 나래를 펼치면 그것은 현실이 된다. 인간은 흘러온 역사 위에 새로운 역사를 쌓으며 앞으로 나아가는 존재이다. 어제의 지혜 위에 오늘의 지혜가 더해지고, 오늘의 지혜 위에 내일의 지혜를 더해 간다. 시간이 흐를수록 발전해 가는 게 인간의 지혜이다. 지구상 모든 생명체 중에 인간만이 가능한 일이다. 어쩌면 무한한 창조력을 부여받은 존재일지도 모른다.

인간이 창조력을 발휘하도록 자극하는 요인은 두 가지로 볼 수 있다. 하나는 욕망이고 다른 하나는 호기심이다. 갖고 싶은 것이 있으면 무엇이든 만들어서 욕구를 충족시키려고 하는 존재가 인간이다. 전혀 보고 들은 적이 없는 것이라도 호기심이 생기면 인간은 만들어 낸다. 머릿속에 그려지는 대상을 실체화하는 재주가 뛰어나다. 인간의 상상력은 끊임없이 발전해 가고 있다. 그리고 호모 사피엔스, 생각하는 인간의 지혜가 언어와 문자와 부호를 통해 세대를 이어가면서 발전하고 있다.

그런데 이처럼 대단한 인간의 능력이지만 아쉬운 점이 하나 있다. 인간의 창조력에는 선악을 구별하는 눈이 없다는 사실이다. 곱고 아름다운 꿈을 꾸면 그에 합당한 것을 이루어 내고, 험하고 사나운 꿈을 꾸면 그 꿈도 이룰 수 있는 게 인간이다. 따라서 창조력을 발휘하여 인간을 고통에서 구하거나 편리한 삶을 가져올 수 있지만, 그와 반대로 창조적인 재능을 파괴적으로 사용하여 인간을 파멸의 길로 이끌 수도 있다. 파괴자 인간이 아니라 구원자 인간이 되는 길을 찾아야 한다. 고통과 파괴를 일삼는 악한 존재가 아니라, 따스함과 아름다움을 추구하는 선한 존재가 되어야 한다. 인간의 창조적인 능력이 바르게 사용될 때 가능한 일이다.

눈먼 인간의 지식이 선하고 바르게 사용되어 행복한 삶의 길을 가려면 뭔가 해법이 있어야 한다. 인간의 행복을 추구하는 가장 보편적인 해결책은 종교이다. 종교는 절대자 앞에서 인간의 선한 양심을 일깨워 인간의 영혼까지 구원할 수 있다. 하지만 바벨탑을 세울 당시의 인간과는 비할 수 없이 재능은 뛰어나고, 인간의 마음은 신의 뜻을 받아들이기엔 너무나 영악해졌다. 신이라 할지라도 믿음을 저버린 인간들까지 구원하는 일은 쉽지 않을 것 같다. 결국 오래전부터 인간 스스로 행복을 지키려는 노력을 기울인 분야가 있다. 그 첫 번째가 철학이다. 철학은 인간의 선한 본성을 깨우쳐 사회적인 동물로서 인간답게 살아가도록 삶의 방향을 제시한다. 그러나 철학도 생각하는 인간에게만 적용될 수 있다는 한계가 있다. 다음은 예술이다. 예술은 인간의 감성을 자극하여 마음속에 평안과 기쁨, 아름다움과 부드러움을 심어준다. 아름다운 노래, 아름다운 그림, 아름다운 글은 차가운 인간의 마음을 따뜻하게 녹이는 힘을 가졌다. 그렇다고 예술이 모든 것을 해결해 주지는 못한다.

아무리 뛰어난 창조적 능력을 지닌 인간이라도 선을 지향하는 마음이 없으면 행복한 삶을 누릴 수 없다. 갈수록 극단적 양극화로 치닫는 우리 사회가 서로를 악으로 몰아가지 말고, 함께 선을 추구하여 공존할 수 있는 답을 찾아야 할 것 같다.

자
기
사
랑

자신을 사랑하지 않는 사람은 없다. 나 역시 예외가 아니다. '이기적 유전자'를 갖고 태어났기 때문이다. 그런데 잘못된 자기 사랑을 하는 이들이 있다. 그로 인해 자신을 해치면서 살아가는 사람들이다.

잘못된 자기 사랑에는 크게 세 가지가 있다.
첫째, 쾌락을 좇는 것은 자기 사랑이 아니다. 오히려 자신을 학대하고, 자신을 해치는 일이 될 수 있다. 순간의 즐거움을 위해 본능의 요구를 따르는 일은 없어야 한다. 흡연이나 과한 음주, 금지된 약물복용, 불건전한 오락에 빠지는 경우이다. 여기에 깊이 빠져들면 몸과 마음이 황폐해질 수밖에 없다. 잘못에 대한 대가를 치르게 되는 일은 피할 수가 없다. 내 몸을 위해 가장 잘한 것을 들라면 나는 주저하지 않고 지금까지 담배를 피우지 않은 것이라 한다. 진찰실에서 환자들에게도 자주 강조하는 말이다.

둘째, 지나친 욕심을 부리는 것도 자기 사랑이 아니다. 세상은 혼자 사는 곳이 아니고, 모든 것을 혼자 가질 수도 없다. 자기의 분수를 지켜야 한다. 남의 것을 부당하게 탐내는 것은 불행을 자초하는 일이다. 분에 넘치게 자신을 챙기느라 더 소중한 많은 것들을 잃게 된다. 물질적인 풍요를 지나치게 추구하다 보면 마음에 빈곤을 가져온다. 이런 태도는 진정한 자기 사랑이 될 수 없다. 불을 향해 날아드는 불나방처럼 위험을 초래할 수 있다.

셋째, 시기하는 마음을 품는 것도 자기 사랑이 아니다. 사랑을 독차지하려는 마음, 곧 시기와 질투는 사랑에서 멀어지는 일이다. 이런 마음을 품으면 상대방뿐 아니라 자신을 해치게 된다. 시기하는 마음속에는 사랑이 뿌리를 내릴 수 없고, 시기하는 마음을 지닌 사람에게는 사랑이 다가올 수 없다. 남을 시기하는 마음은 자신을 불행하게 만들 뿐이다. 겸손한 자는 대우를 받지만, 시기하는 자는 멸시를 받는다. 남을 끌어내릴수록 자신이 미끄러져 내리게 된다. 우리는 신이 아니기에 마음이 좁고, 생각도 부족하다. 자신의 부족함을 인정하는 게 더 큰 사랑을 받을 수 있는 비결이다. 다른 사람의 어깨 위가 아니라 자신의 노력 위에 올라서는 사람이 되어야 한다.

진정한 자기 사랑에는 세 가지 좋은 점이 있다.

첫째, 건강하게 오래 살 수 있다. 우리는 두 개의 동력을 가졌다. 몸(육체)의 동력과 마음(정신)의 동력이다. 이 두 개의 동력이 온전하게 작동하면 매우 건강한 사람이 된다. 둘 중 어느 하나가 무너지면 다른 하나조차 무너질 수 있다. 반대로 하나의 동력이 제대로 작동하면 다른 하나도 끌어올릴 수 있다. 두 개가 동시에 무너지면 답을 찾기 어렵다. 마음이 무거울 땐 운동이나 등산 같은 신체활동을 통해 신체리듬을 끌어올리면 마음도 가벼워진다. 몸에 병이 들어 움직일 수 없을 땐 좋은 친구, 즐거운 노래, 따뜻한 말과 글, 아름다운 자연을 가까이하면 고통이 줄어들고 병의 회복도 빨라질 수 있다.

둘째, 사람들과 좋은 관계를 이룰 수 있다. 진정으로 자신을 사랑하는 사람은 남을 시기하거나 원망하지 않는다. 다른 사람에 대한 이해심과 공감력이 뛰어나다. 주위 사람들과 좋은 관계 속에서 살아갈 수 있다. 이런 사람을 싫어할 사람은 어디에도 없다.

셋째, 삶의 기쁨을 누리게 된다. 자기를 사랑하는 사람은 표정이 밝고, 그들의 말은 노랫소리처럼 들린다. 이들의 아름답고 따뜻한 기운은 세상을 밝게 한다. 이런 사람은 삶에 활력이 넘치고, 어떤 어려움 속에서도 즐거움을 누린다.

   진정한 자기 사랑은 있는 그대로의 자신을 사랑하는 마음이다. 내가 나를 사랑할 때 남도 나를 사랑하게 된다. 다른 사람의 사랑을 받기 위해서는 더 나은 모습으로 변해갈 필요가 있다. 오늘은 초라해 보일지라도 내일 또 모레는 더 나은 사람이 되려면 자신을 자연에 동화시키고, 예술과 지식, 지혜로 자신을 가꾸는 노력이 필요하다.

젊음의 거리를 지나며

얼마 전 일요일 낮 부산의 번화가 중 하나인 서면에 있는 '젊음의 거리'를 지날 일이 있었다. 삼삼오오 혹은 쌍을 이뤄 거리를 거니는 젊은이들의 표정은 행복 그 자체였다. 젊음은 그들이 가진 특권이며 축복이었고 그들은 그것을 마음껏 즐기는 중이었다. 그들은 충분히 그것을 누릴 자격이 있는 자들이며, 인생 최고의 꽃 같은 시기에 그러한 축복을 누리지 못한다면 그것만으로도 불행을 느낄 정도였다.

누구도 이 땅의 젊은이들이 가진 축복을 빼앗거나 그들이 누리는 기쁨을 포기하도록 강요할 수는 없다. 그들의 머릿속엔 도파민이 샘처럼 솟고 있는데 어떻게 그것을 멈추게 할 수 있겠는가? 어떻게 그들에게 일찍부터 이 사회의 무거운 짐을 지우고,

가시밭길을 걷게 할 수 있단 말인가? 다만 안타깝고 아쉬운 점은 지금 그들이 누리고 있는 청춘의 날들이 길지 않다는 사실이다. 그들에게 주어진 청춘의 세월이 길게는 20년, 짧으면 10년에 불과하고 늑대 같은 40대가 그들의 젊음을 위협하며 달려오고 있기 때문이다.

우리 인생에서 40대는 목에 가시 같은 날들이다. 그 가시를 잘 뽑으면 다행이거니와 그렇지 못하면 아픈 상처로 고통받아야 한다. 지금 누리고 있는 청춘의 날은 사라지고 꽃잎 떨어진 모습으로 훨씬 더 긴 날들을 보내야 할 수도 있다. 그들은 그것을 어떤 의미로 받아들일까? 그러한 사실을 깨닫는 순간 인생을 바라보는 그들의 태도는 어떻게 달라질까? 40대의 위기 앞에서 청춘은 그림자로도 남을 수 없다는 사실을 그들은 알고 있을까? 그들의 미래는 그들의 선택에 달린 문제이지만, 그들이 올바른 선택을 할 수 있도록 도울 기성세대의 역할이 무엇인지 알아야 할 필요가 있다.

우리 세대나 그 이전 세대의 젊은 시절은 현세대와 너무 달랐다. 화려함과는 너무나 거리가 먼 시절이었다. 우선 가진 것이 없었고, 당장은 배가 고팠다. 아주 특별한 날이 아니면 고기 한 점 먹을 수가 없었고, 막걸리 한 잔도 쉽게 마실 기회가 없었다.

1972년 대학에 입학하던 첫해, 동기생 친구가 학생 개인지도로 첫 월급을 받았다며 동성로(대구)에 있는 주점으로 나를 이끌었다. 막걸리 한 주전자에 꼬챙이에 길쭉하게 꽂힌 빵 두 개와 네 개의 굵은 풋고추가 안주로 나왔다. 첫 잔을 비운 후 진짜 맛있는 것이라며 친구가 건네는 빵 막대기를 한 입 베어 물고 나는 비위가 상해 삼킬 수가 없었다. 내 이빨 자국이 생긴 빵 막대기와 또 하나의 막대기는 친구 몫이 되었고, 나는 풋고추 네 개를 안주 삼아 주전자를 비웠다. 그때의 빵 막대기는 태어나서 내가 처음 상견례를 치른 핫도그였다.
　중학교 입학시험 날에도 점심시간에 아버지가 학교 앞 중국집으로 나를 데려가서 짜장면을 한 그릇 시켜주셨다. 한 젓가락 입에 넣었다가 비위가 상해 삼키지를 못하여 짜장면은 아버지께 드리고, 나는 집에서 싸 온 차가운 도시락을 비우고 시험장으로 들어갔다. 순탄치 못했던 짜장면과의 첫 대면이었다.
　지금 청춘은 우리 시대의 청춘과는 너무 다르다. 시대가 다르고 세월과 함께 문화가 변하였다. 그때와 지금은 보는 것이 달라지고 듣는 것이 달라졌다. 먹는 것이 달라지고 입는 것이 달라졌다. 천지개벽이라 할 만큼 세상이 변하였다. 나 역시 지금은 짜장면도, 핫도그도 다 잘 먹는 사람이 되었다. 지금의 청춘들에게

'꼰대' 소리를 들을 나이가 되었다. 하지만 내게서 청춘이 멀어졌듯이 그들의 청춘도 사라질 날이 온다는 게 안타깝다. 이 세상 무엇이든 바꿀 수 있지만, 시간의 흐름은 바꿀 수가 없다. 시드는 청춘을 안타까워하며 슬픔에 잠기라는 말이 아니라, 다가올 날들에 대한 대비가 있기를 바라서 하는 말이다. 꽃잎 떨어진 자리에 열매가 맺힐 수 있기를 기원한다. 열매 없는 인생이 되어 후회하는 날이 오지 않았으면 좋겠다. 주어진 기회를 마음껏 즐기되 앞날을 내다보며 즐기는 지혜도 함께 갖췄으면 좋겠다.

오늘 거리에서 본 저토록 밝고 행복한 얼굴들 위로 무겁고 어두운 삶의 그림자가 드리우지 않기를! 그들의 밝은 웃음소리가 오래오래 계속되기를 마음으로 빌어본다.

피는 물보다 진하다

 요즘 고독사로 세상을 떠난 이들에 관한 기사를 심심찮게 볼 수 있다. 그중에는 부패로 인해 악취를 풍기다가 주민의 신고로 발견된 경우가 있고, 미라처럼 굳은 몸이 수개월 만에 발견된 예도 있다. 외롭게 살다가 불귀의 객이 되어 무명씨로 사라지는 존재들. 이보다 비참할 수는 없다. 그러나 더 큰 문제는 앞으로 이와 같은 고독사가 폭발적으로 늘어날 것이란 전망이다.
 사람과 사람 사이에 가장 강한 연결고리는 피의 고리이다. 그중에서도 부모와 자녀 사이의 관계보다 강한 연결고리는 없다. 부부 사이는 엄청 강한 고리가 될 수도 있고, 매우 약한 고리가 될 수도 있다. 자녀를 매개로 하는 피의 연결고리 유무에 달린 문제이다. 물론 정신적 결속만으로 해로하는 부부들이 있지만 그만한 정신력을 갖추려면 피의 고리에 버금가는 이념이나 신념 혹은 신앙에 뿌리를 둔 동지애가 있어야 한다. 하지만 보통의 부부 사이에서 그 정도의 동지애를 기대하기는 쉽지 않다. 그 외에도 우정의 고리 혹은 각종 이해관계에 따라 형성되는 고리들도 있지만 피의 고리만큼 견고할 수는 없다. 가족보다 강한 결속력을 가진 집합체는 없다. 그런데 가족이라는 피의 고리가 빠른 속도로 허물어져 가고 있다.

자녀를 낳아 돌보고 뒷받침하는 데는 물질적, 정신적 희생이 따르는 것은 사실이다. 그러나 거기에는 말할 수 없는 기쁨과 행복이라는 보상이 주어진다. 자녀를 키우면서 누리는 즐거움은 겪는 고통에 비할 바가 아니다. 그런데 요즘 언론의 관심은 그런 일반적인 예보다는 다소 기형적이거나 불행한 가정에 초점이 맞춰지는 수가 많다. 가정이 불행의 근원인 양 다뤄지기도 한다. 물론 뉴스거리가 되기 때문이다. 그러나 그로 인해 우리의 젊은이들이 가정과 혈연에 대해 갖는 부정적인 시각에 대해서는 누가 책임질 것인가? 우리에게 최고의 안식처는 가정이고, 가장 가까운 관계는 가족이라는 사실을 알아야 한다. 피로 맺어진 우리의 가정이 새둥지보다 못할 수는 없다.

이미 지나치게 비혼과 무자녀로 돌아선 젊은이들을 나무랄 수는 없다. 그들이 가정과 혈연에 대해 비뚤어진 인식을 갖게 된 것은 그들 탓이 아니다. 지금 필요한 것은 그것을 바로잡기 위한 노력이다. 가난하던 시절에도 다수의 자녀를 둔 부모가 불행하게 생을 마친 예는 찾아보기 어려웠다. 물질적 풍요를 누리는 현세대는 고독사를 겪어야 할 절박한 위기 앞에 놓여 있다. 현재 젊은 세대가 노년이 되었을 때 겪을 고독사의 비극을 막기 위해 우리는 함께 노력해야 한다. 지금은 고독사가 개별기사로 국민의 관심을 끌고 있지만, 30~40년 후에는 고독사가 일반적인 사회현상이 되어 뭉텅이 기사로 등장하여도 모두가 외면하는 세상이 될 수 있다. 한때 즐거운 인생을 살았을진 몰라도 외롭게 생을 마치는 사람들로 인해 곳곳에서 악취를 풍기는 날이 올지도 모른다.

피의 연결고리가 필요하다. 마지막 순간 후회하는 인생이 되지 않으려면 피의 연결고리를 만들어야 한다. 현재의 쾌락은 잠시 지나가는 바람과 같다. 쾌락은 살아가는 데 쓰이는 하나의 도구일 뿐, 목적이 될 수는 없다. 그런데도 쾌락을 삶의 목적인 양 살아가는 젊은이들이 늘고 있다. 하루살이처럼 인생을 살다가 고독사의 무덤에 몸을 눕히는 일은 없어야 한다. 풀과 나무와 물고기와 온갖 동물들을 보라. 이 땅에 살아가는 모든 생명체의 근

본 목적은 종족 보존임을 알 수 있다. 인간만이 예외가 될 수는 없다.

영생이 아닌 순환이 자연의 법칙이다. 자기 분신을 세상에 남기는 것은 자신의 영생을 의미한다. 후손 없이 세상을 떠나는 자가 느끼는 허무함은 무엇으로도 감당하기 어렵다. 숨을 거둘 때 곁을 지키는 자녀보다 더 큰 위로는 없다. 나의 생명을 이어갈 자가 있다는 것은 엄청난 축복이다. 피는 물보다 진하다.

6부

마음을 시에 담아

파도

마음에 파문이 인다.
아주 작은 바람결에도 마음이 흔들린다.
자그마한 소리 하나에도 가슴속에 소용돌이가 생긴다.
조그마한 아픔이 가슴을 스쳐도 심장이 부서지는 고통을 느낀다.
작은 서운함도 원망이 되어 마음속에 쌓이고
쉽게 지울 수 없는 상처를 남긴다.

마음에 파문이 인다.
미세한 바람을 타고 사나운 파도가 인다.
스스로 멈출 수 없는 파도가 되어 절벽을 때린다.
서운함이 되고, 원망이 되고, 치유하기 어려운 아픔이 되어
결국은 절망이 되어 부서져 내린다.
파도는 하얀 포말이 되어 흩어져 버린다.

새로운 파도는 끝없이 밀려오지만
언제나 부서지는 것은 나 자신이다.

나는 시를 모릅니다
 - 민립 김상훈 선생을 그리며

나는 시를 모릅니다.
다만 10년 전에 받아둔 시인의 시를 읽으면 마음이 아픕니다.
지금 그 시인을 만날 수 없어 나는 마음이 아픕니다.
이제 그는 이 세상 사람이 아닙니다.
진작 펼쳐보지 않은 아픈 마음으로 그의 시를 읽고 또 읽습니다.

나는 노래를 부를 줄 모릅니다.
그러나 노래를 들으면 내 마음은 쉽게 녹습니다.
마음 실린 가사에 얼음 같던 내 마음이 녹아버립니다.
그 시인의 시는 내게 노래처럼 감미롭습니다.
진작 녹았어야 할 내 마음이 뒤늦게 지금 녹고 있습니다.

나는 시를 쓰고 싶습니다.
하지만 나는 시를 쓰는 재주가 없습니다.
다만 시를 읽으며 감격할 뿐입니다.

그의 시가 지금 내 가슴속에 맑은 물이 되어 흐르고 있습니다.
출구를 찾지 못한 시어들이 내 마음을 흠뻑 적셔놓습니다.

아침마다 떠나간 시인의 시집을 펼쳐 듭니다.
'바람처럼 떠나야지'라는 시인의 말에 가슴이 아립니다.
이제 시인은 바람처럼 떠나고 말았습니다.
진작 그의 시를 만나고, 그 시인을 만나야 했습니다.
지금 내 마음은 이미 떠나간 그 시인을 다시 불러오고 싶습니다.

그리운 목소리

새벽잠에서 깨어
많은 목소리를 듣는다.

빙긋이 웃음이 묻어나는
아버지의 목소리

언제나 울음 섞인
어머니의 목소리

질그릇처럼 투박한
옛 벗들의 목소리

방울처럼 울리던
어느 소녀의 목소리

오늘 같은 날에는
듣고 싶은 목소리가 있다.

〉
그리운 그 목소리가
날이 밝도록 귓가에서 쟁쟁거린다.

하늘에 계신 아버지는
지금 내 목소리를
듣고 계실까?

귀가 어두워진 어머니는
여섯 자식의 목소리를 그리시며
온밤을 새우실 테지.

그렇게 대단한 것도 아닌데
왜 목소리를 가슴에 담아두고
살아왔을까?

별일 없느냐는 인사치레 한마디가

정말 대단하다는 것을
진작 왜 몰랐을까?

귓가에 쟁쟁거리는 그 목소리가
정말 소중하다는 것을
날이 밝아올 무렵에야 깨닫는다.

오늘 저녁에는
전화선 너머로 들려오는
반가운 목소리를 만나고 싶다.

나의 시간

살아 숨 쉬는 모든 순간은
더없이 소중한 나의 시간이다.

끝을 알 수 없는 삶의 흐름 속에서
스쳐 지나는 순간마다
매듭짓듯 살아야 한다.

죽음이 어둠처럼 닥칠지라도
두려움 없이 맞이할 수 있도록 살아야 한다.

내 모든 열정을 바쳐 온 삶이 되어
훨훨 타버리는 순간에도
아무런 미련을 남기지 않도록 살아야 한다.

스러지는 마지막 순간까지
한 줌의 재도 남기지 않고 타버릴 수 있다면
이보다 더한 행복이 어디 있으랴.

물처럼 바람처럼

부드러운 듯하나 강하고
강한 듯하나 부드러운
물의 흐름이 좋다.

보일 듯하나 보이지 않고
없는 듯하나 그 자취를 남기는
바람이 나는 좋다.

굽은 듯하여도 굽혀지지 않으며
길이 없는 듯하여도 그 길을 찾아 흐르는
물처럼 나도 흐르고 싶다.

눈에 보이지 않아도 향기를 실어 나르고
손에 잡힐 듯하여도 자취 없이 사라지는
바람처럼 날리고 싶다.

〉
화려한 외모는 없어도,
뚜렷한 형체는 없어도,
쉼 없이 흐르는 물처럼 바람처럼
나는 살고 싶다.

 * 逝者如斯夫, 不舍晝夜: 흐르는 것은 이와 같아서 밤낮 쉼이 없구나.
  (孔子)

불혹不惑을 넘기며

나이 마흔이 될 때까지
나뭇가지 끝의 작은 잎사귀처럼 흔들리며 살아왔습니다.
아주 작은 바람결에도 온몸이 흔들리며 살았습니다.

마흔이 넘어서야
겨우 흔들리기를 멈추게 되었습니다.
그러나 아주 멈춘 것은 아닙니다.
조금 적게 흔들리게 되었다는 뜻이지요.

마흔이 끝나갈 때쯤
웬만한 일에는 흔들리지 않을 만큼 되었습니다.
그래도 아주 멈춘 것은 아닙니다.
바람이 비껴가기를 기다리는 여유를 찾은 거지요.

이제 내 나이 쉰을 넘어

지천명知天命의 때가 되었습니다.
하늘의 뜻이 무엇인지 생각해야 할 나이가 되었지요.

사는 하루하루가 소중하고 뜻깊은 하루가 되도록
매일 기도하는 마음으로 살려고 다짐합니다.
크게 흔들리지 않고
운명이 제게 지워 준 길을 가려고 노력합니다.

차츰 나이를 먹으면서
세상을 바라보는 눈이 조금씩 밝아졌습니다.
시간이 가고 세월이 흐를수록
마음이 맑아지는 것을 느낍니다.

산길을 걸을 때는

산길을 걸을 때는 용사의 발길처럼 힘차게 오르는 것보다 가벼운 걸음으로 천천히 오르는 것이 좋다. 등에는 아무 짐도 지지 말고 그냥 빈손에 가벼운 복장으로 사랑하는 사람과 함께 오르는 것이 좋다. 아니면 혼자라도 좋다. 비 오는 날이라도 좋고 바람 부는 날이라도 좋다. 추운 겨울날이라도 좋고 무더운 여름날이라도 좋다. 새싹이 돋아나는 봄날이거나 맑은 가을날이라면 더욱 좋다. 마음이 내키는 날에는 언제나 산을 오른다.

무리를 이루지 말고, 큰소리를 내지도 말고, 많은 말을 하지도 말고, 오직 눈과 귀를 열고 마음을 풀어헤치고 푸른 숲속 오솔길을 걷는다. '쏴아-' 하는 바람 소리에 실려 오는 솔향기를 맡으면서 지저귀는 새소리에 귀를 기울이고 아늑한 경치 속에 마음을 적시면서 걷는다. 가볍게 떨어지는 가랑잎 소리와 나무 위를 타고 오르는 다람쥐의 발길을 느낄 수 있을 만큼 가만히 소리 죽여 걷는다.

자연의 모습을 보며 걷는다. 자연의 소리를 들으면서 걷는다.

자연의 향기를 맡으면서 걷는다. 자연의 모습은 눈의 피로를 풀어주고, 자연의 소리는 마음을 시원하게 하며, 자연의 향기는 머리를 맑게 한다. 때로는 피곤하고 혼탁해진 마음으로 산길을 걷다 보면 어디선가 새로운 힘이 솟아나는 것을 느낄 수가 있다. 무겁던 발걸음이 가벼워지고 어둡던 마음속의 구름이 걷히는 것을 알게 된다.

어디까지 오른다는 목표를 정하지도 말고, 얼마나 오래 머문다는 계획을 세우지도 말고, 몸에 땀이 흐르도록 힘들게도 말고, 그냥 가는 곳까지 가다가 서로 마음이 통하면 어디쯤 걸터앉아 쉬다가 걷다가 마음이 충만해질 때쯤 산을 내려오면 된다. 서로가 말은 하지 않아도 막혔던 마음의 통로가 열리고 함께하는 순간의 소중함을 깨닫게 된다. 산길을 걷다 보면 피곤하던 세상살이 중에도 아름다운 날들이 있음을 기뻐하게 된다.

자연이 우리에게 주는 최고의 선물은 우리가 자연 속에 묻혀서 살아갈 수 있게 한다는 것이다.

새로운 자유

새로운 세계 내게 열리고
육신을 떠나 현세에서 벗어나는 날
물 따라 바람 따라 흩어져 날며
아주 작은 흔적도 남기지 않으리라.
새로운 자유를 얻으리라.

내 영혼이 육신을 벗어나는 날
내 맑은 영은
어느 새로운 세상에서
새처럼 날며
새로운 자유를 누리고 얻으리라.

여태 남은 세월은
미련 남지 않도록
최선의 길을 걸어가리라.

이 세상 올 때처럼
빈손으로 떠나리라.

손길에도 잡히지 않고
그물에도 걸리지 않는
영혼의 새가 되어
마음껏 날고 있으리라.
바람처럼 날리며 살아가리라.

오늘 하루

내 얼굴에 흉터를 긋지 말고
내 마음에 생채기를 내지 말자.

온화함으로 얼굴을 단장하고
따스함으로 마음을 채우자.

얼굴 찡그려질 일은 쉽게 잊어버리고
마음 상하는 일은 빨리 씻어버리자.

삶이 내게 벅찰지라도
괴로워하거나 마음에 가시를 담지는 말자.

힘든 일도 지나고 보면 소중한 순간이었고
가슴 아픈 일도 아름다운 흔적으로 치유될 수 있다.

〉
세상일을 긍정으로 받아들이고
스스로 상하게 하는 일이 없도록 하자.

기쁠 때는 마음껏 웃고
슬플 때는 눈물이 쏟아지도록 울어 보자.
기쁨과 슬픔은 모두 아름다운 감정이다.
미움과 증오가 마음에 뿌리내리지 않도록
하루를 살자.

아주 짧은 시간

아무리 짧은 시간이라도
파란 하늘을 한번 바라보고
흙냄새 나는 땅 위를 거닐어 본다.

아무리 짧은 시간이라도
흐르는 냇물에 손을 적시어 보고
넓은 바다를 향해 가슴을 활짝 열어 본다.

아무리 짧은 시간이라도
새소리 바람 소리에 귀를 기울여 보고
풀잎의 푸른 향기를 맡아 본다.

아무리 짧은 시간일지라도
한 줄의 글을 읽고
흐트러진 생각을 정리해 본다.

그 짧은 시간에
나의 마음은 더욱 새로워지고
이 세상에서 소중한 것들이 무엇인지를 깨닫게 된다.

오늘도 내일도
 - 생각하는 나날들

  하나의 길 위에 내가 있다. 내가 지금까지 걸어왔던 길이며 앞으로도 걸어가야 할 길이다. 조금은 외롭고 쓸쓸함이 있을지라도 나는 계속 그 길을 가야 한다. 내 마음이 옳다고 여기는 길이기에 누가 뭐라 해도 나는 그 길을 가야만 한다. 내 인생의 작은 열매가 맺히기를 바라면서 내게 지워진 운명의 길을 가야겠다. 삶이 벅찬 것 같아도 지금까지 살아온 날들보다 조금만 더 나은 모습이 될 수 있다면 나는 만족할 것이다. 지나온 날들을 돌아보고, 오늘을 생각하며, 내일에 대한 꿈을 키우면서 하나의 길을 걷고 싶다.

  세상이 흔들린다고 함께 흔들리지 말고,
  세상에 주눅 들어 멍이 들지도 말며,
  세상을 원망하면서 살아가지는 말자.

  지나간 날들은 그 나름의 의미가 있고,

오늘은 오늘로서의 가치가 있는데,
세월을 탓하며 하루를 보내지는 말자.

세상을 휘어잡으려 설치지도 말고,
한줄기 바람처럼, 작은 개울물처럼
이름이야 있건 없건 그냥 흘러가리라.

대기를 혼탁게 하는 바람이 되지 말고,
생명이 숨을 거두는 물길이 되지도 말며,
나대로 한줌의 바람이며 흐름이 되자.

내일이 빨리 온다고 조급해하지 말고,
순간마다 삶의 의미를 생각하면서
조용히 각시처럼 새날을 맞아들이자.

하루하루가 참으로 소중하게 다가오는 것을 느낀다. 가까이 있는 이들에게 따뜻이 대하고, 멀리 있는 이들도 소중히 여기면서 살아가야겠다. 얼마 남지 않은 시간들을 헛되이 보내고 후회하는 일이 없도록 매일 매순간 생각하는 삶이기를 원한다.

이 시간 내가 기억해야 할 것은 아직은 불꽃을 피워야 할 때라는 사실이다. 타오르는 장작처럼 남은 삶을 불태우다가 검은 숯마저도 태워버린 후에 잿불처럼 하얗게 스러지도록 하자. 마지막 불꽃을 피우는 그 시간이 내 인생의 가장 아름다운 순간이 되었으면 좋겠다. 생각하는 나날들 속에 작은 불꽃으로 살다가 한 줌의 재가 되어 아버지 계신 고향 산기슭에 뿌려지고 싶다. 인생의 여한이 없기를 원한다.

젊은 영혼들에게

자기의 인생을 흔들려 하지 마라
자신을 지키며 보호하고 가꾸라
몰아치는 폭풍과 비바람을 대비하라
스스로 자신을 흔들지 마라
쉽게 흔들리지도 마라

너무 슬픈 이야기에 깊이 빠지지 말고
너무 아픈 이야기에 쉽게 분노하지 마라
스스로 생각하고 판단하라
진실을 보는 눈을 갖도록
자신을 길러가라

눈에 보이는 것이 전부가 아니다
가면 뒤에 숨은 얼굴을 보려거든
자신의 마음을 먼저 다스리고

시간의 흐름에 잠시 의지하라
시간은 진실을 밝혀주는 등불이다

바람이 나를 마구 흔들고
눈보라가 나를 부러뜨리지 못하도록
건강한 나무처럼 나를 가꾸어 가라
부정은 외부로부터 몰려오고
긍정은 내 속에서 만들어가는 것이다

세상이 험하다고
다가서기를 두려워하지 마라
꿈꾸는 것을 멈추지 마라
폭풍이 멈춘 뒤에는 잔잔한 평화가 올 것이며
먹구름 위에는 태양이 빛나고 있다

〉
열심히 읽고 생각하고
한 줄의 글을 만들어라
글을 읽는 순간은 영혼을 살찌우는 시간이고
글을 쓰는 순간은 진실을 담는 시간이다
읽고 쓰면서 자신을 키워가라

자기의 영혼을 살찌우는 자가
가장 여유로운 자가 될 것이며
진실을 말하는 자가
가장 강한 자가 될 것이니
그대는 젊은 영혼임을 기억하라